Otmar Steinbicker

Die schönsten Radtouren am Niederrhein

Impressum

© 2006 by BVA - Bielefelder Verlag GmbH & Co. KG, Bielefeld
3. Auflage 2012

Alle Rechte vorbehalten. Nachdruck, auch auszugsweise, sowie fotomechanische/elektronische Wiedergabe nur mit ausdrücklicher Genehmigung des Verlages.

Buch- und Umschlaggestaltung: Green Tomato, Bielefeld,
FRIELER media&MORE, Oerlinghausen

Titelfoto: Emmerich am Rhein
Fotos: Otmar Steinbicker, Rudolf Geese (Geldern), Gemeinde Hünxe, Gemeinde Straelen, Städtische Dienste Geldern, Stadt Rheinberg, Stadt Wesel, Niederrhein Tourismus GmbH, Robert Valet (Rheinberg)

Kartographie: Bielefelder Verlag

Druck: Messedruck Leipzig GmbH

ISBN-13: 978-3-87073-249-3

Radwandern am Niederrhein

Die Niederrheiner werden mit dem Fahrrad geboren, will ein altes Sprichwort wissen. Sicher ist: Das Zweirad mit Fußantrieb ist aus dem Leben von Jung und Alt nicht wegzudenken. Wer diese Region einmal mit dem Rad erkundet hat, weiß auch warum: Die Landschaft am Niederrhein ist ideal zum Radwandern.

Zum einen erfordert das größtenteils flache, nur von einigen Hügelketten durchzogene Land keine sportlichen Höchstleistungen, zum anderen wartet es mit einer Vielfalt an landschaftlichen Reizen, kulturellen Sehenswürdigkeiten und Erlebnismöglichkeiten auf.

Da ist der Rhein, der sich hier – von bunten Schiffen befahren – breit und gemächlich dahinzieht. Da sind gemütliche Dörfer und Städte, die ihre Tradition und Atmosphäre bewahrt haben und in deren Mitte uralte Kirchen bedeutende Kunstschätze bergen. Da liegen verwunschene Wasserschlösser und großartige Parkanlagen am Wegesrand – und zur Pause schmeckt das Brot, das der Biobäcker aus in der Windmühle gemahlenem Vollwertmehl gebacken hat.

Asphaltierte Wirtschaftswege, stille Waldwege, Treidelpfade und Deiche längs des Rheins bilden die Grundlage für das vorbildlich markierte Radwegesystem der NiederRheinroute. Dieses Streckennetz mit über 2000 km Gesamtlänge besteht aus einem Hauptroutenverlauf und 100 Verbindungswegen und bildet so eine gute Basis für eine variantenreiche individuelle Tourenplanung von jedem Ort, in jede Richtung und in jeder beliebigen Länge, nicht zuletzt, weil die radelbaren Wege nicht an den Grenzen der Region enden.

Familien mit Kindern finden abseits des Straßenverkehrs ruhige und sichere Routen, und sportlich ambitionierte Trekking-Radler sind von den vielfältigen Möglichkeiten ebenso begeistert wie Wochenendausflügler. Die NiederRheinroute erschließt landschaftlich reizvolle Wege für den Radwanderer und kombiniert bedeutende Sehenswürdigkeiten miteinander. Trotz guter Markierung ist eine Radwanderkarte unbedingt empfehlenswert. Denn es kann einem im Gewirr der Wirtschaftswege schon einmal passieren, dass man, gebannt von den landschaftlichen Reizen, eine Markierung übersieht und sich verfährt.

Radelpause

Zum Gebrauch des Buches

Die Nummerierung und Hervorhebung der Wegweisungstabelle findet sich in den ausführlichen Texten sowie in den Karten wieder. Die Kilometrierung läuft auf einer Randleiste ebenfalls neben den Tourenbeschreibungen mit. Die Tourbeschreibung gliedert sich in gelb unterlegte Wegbeschreibungen mit dem Radler-Logo und Erläuterungen zu Sehenswürdigkeiten (auf weißem Grund).

TIPP: Kopieren Sie die Wegweisungstabelle und halten Sie diese stets griffbereit, so dass Sie sich »on tour« schnell und sicher orientieren können.

GPS

Immer mehr Freizeitradler nutzen die Vorteile durch das Internet und durch GPS-Geräte für die Planung und Durchführung von Radtouren. So können die Touren präzise am PC geplant und jeder Weg gefunden werden: metergenau, ohne sich zu verfahren und vor allem ohne jemals vorher dort gewesen zu sein.

In der aktualisierten und überarbeiteten Auflage dieses Buches möchten wir Ihnen zusätzlich diese Hilfestellung für die Nutzung auf Ihrem GPS-Gerät bieten: für jede dieser im Buch aufgeführten Touren finden Sie auf unserer Internet-Seite entsprechende Track-Daten für Ihr Mobil-Gerät.

Mit Hilfe des Zugangscodes **NIED-03-249-003-BLR** stehen Ihnen die Daten auf der Seite **www.fahrrad-buecher-karten.de** kostenlos zum Download zur Verfügung

Stadtbefestigung in Rees

Ausrüstung

Traditionell bevorzugen die Niederrheiner das schwere, gemütliche Hollandrad, denn die flache Landschaft stellt keinerlei technische Anforderungen. Tourenradler, die komfortabler fahren und auch bei den wenigen Steigungsstrecken nicht schieben wollen, werden allerdings auf eine Kettenschaltung, möglichst mit einem dritten Kettenblatt, ungern verzichten wollen.

Unterkunft

Am Niederrhein bieten Hotels, Gasthöfe, Pensionen und Bauernhöfe Gästebetten in allen Preiskategorien an. Unterkunftsverzeichnisse stellen die unten genannten Informationsstellen und lokale Verkehrsämter zur Verfügung.

Campingplätze unterschiedlicher Größe gibt es in: Brüggen, Dormagen, Emmerich, Goch, Grefrath, Hamminkeln, Hünxe, Kalkar, Meerbusch, Nettetal, Niederkrüchten, Rheurdt, Schermbeck, Sonsbeck, Viersen, Wassenberg, Wesel, Xanten. Die Plätze haben in der Regel einen sehr hohen Anteil an Dauercampern. Einige Plätze sind nur für Zelter geeignet.

Jugendherbergen befinden sich in Brüggen, Duisburg, Kevelaer, Kleve, Mönchengladbach, Nettetal, Neuss. Private, jugendherbergsähnliche Einrichtungen bestehen in Emmerich, Rheurdt und Sonsbeck (Voranmeldung erforderlich).

Information

Die wichtigsten touristischen Einrichtungen am Niederrhein:
Niederrhein Tourismus GmbH, Willy-Brandt-Ring 13, 41747 Viersen, Tel. 02162/817903, Fax.: 02162/8179180, e-mail: info@ niederrhein-tourismus.de
Heinsberger Tourist Service e.V., Valkenburger Str. 45, D-52525 Heinsberg, Tel. 02452/131415, e-mail: info@hts-info.de betreut den Kreis Heinsberg
Jugendherbergen:
Brüggen, Duisburg, Kevelaer, Kleve, Mönchengladbach, Nettetal, Neuss.

Karten

Ein spezielles Kartenwerk für die NiederRheinroute gibt der Bielefelder Verlag (BVA) heraus. Darüber hinaus sind die ADFC-Regionalkarten Niederrhein Nord und Niederrhein Süd sowie die Rad-

wanderkarten der Kreise Heinsberg, Kleve, Viersen und Wesel im Maßstab 1: 50.000 empfehlenswert.

Fahrradverleih

In fast allen Orten am Niederrhein können Fahrräder gemietet werden. Es handelt sich dabei in der Regel um die am Niederrhein beliebten Hollandräder. Verzeichnisse der Radverleiher sind bei den oben genannten Informationsstellen erhältlich.

Reisezeit

Die schönsten Reisemonate mit den meisten Sonnenscheinstunden sind Mai, Juni und September. Der Juli ist aufgrund des maritimen Klimas im langjährigen Mittel relativ regenreich.

Maas
Rhein
1
Emmerich
2
Kleve
Goch
Xanten
57
Kevelaer
4
Geldern
5
Kamp-
Lintfort
73
N i e d e r -
Straelen
Neukirchen-
vluyn
7
40
67
Kempen
Krefeld
Venlo
9
Tegelen
l a n d e
Tönisvorst
8
Viersen
Maas
Kaarst
61
Mönchen
Gladbach
Wegberg
46
Wassenberg
Hückelhoven
Heinsberg
Erkelenz
Greven-
broich
11

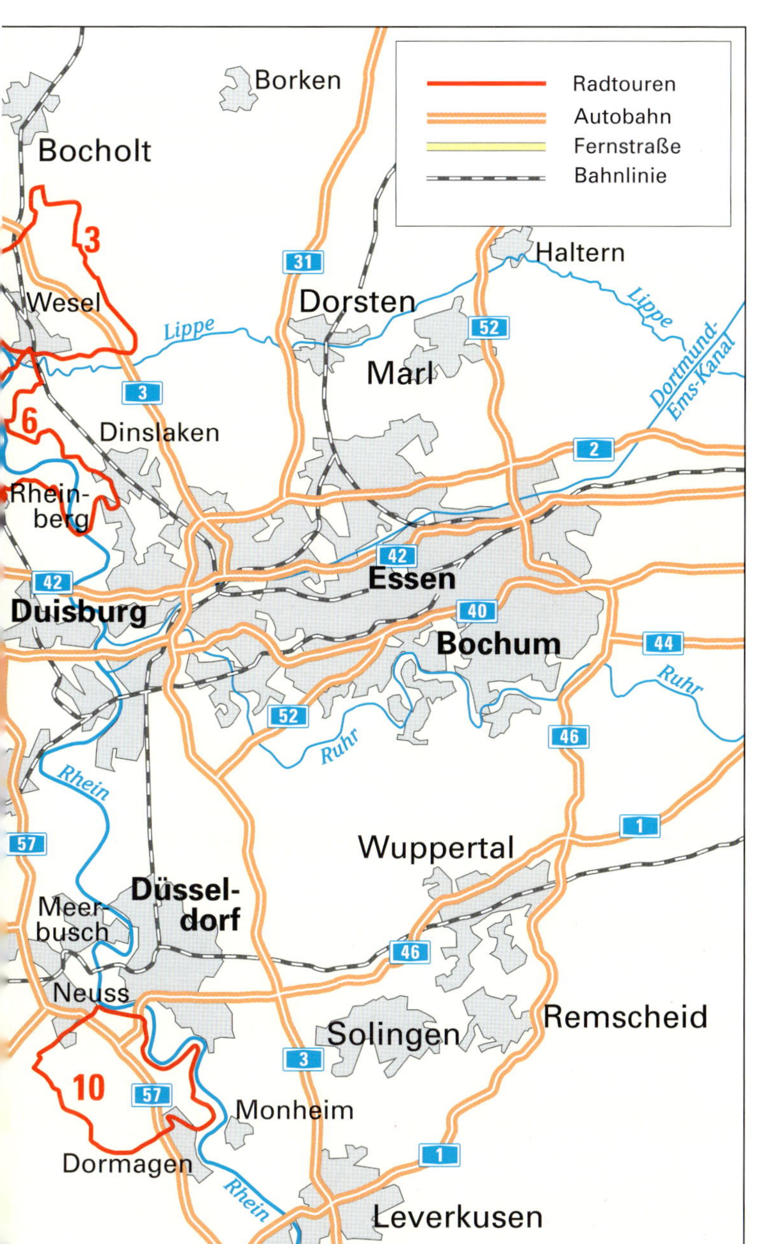

Radtouren
Autobahn
Fernstraße
Bahnlinie
Borken
Bocholt
3
Wesel
Lippe
31
Dorsten
Haltern
Lippe
52
Marl
Dortmund-Ems-Kanal
3
Dinslaken
2
6
Rhein-berg
42
42
Essen
Duisburg
40
Bochum
44
Ruhr
52
Ruhr
46
Rhein
1
57
Wuppertal
Meer-busch
Düssel-dorf
46
Neuss
Remscheid
Solingen
10
57
3
Monheim
1
Dormagen
Rhein
Leverkusen

Schwanenritter, Joseph Beuys und die Künstler am Niederrhein

Kleve – Kalkar – Bedburg-Hau – Kleve

Die abwechslungsreiche Tour führt zu großartigen Panoramen und zu den größten Kunstschätzen am Niederrhein. Der Blick vom Turm der Schwanenburg in Kleve bietet gleich zu Beginn einen schönen Ausblick auf die Landschaft am Niederrhein, die hier mit außerordentlich reizvollen Radeletappen auf dem Drususdeich zwischen Kleve und Rindern und entlang des Altrheins zwischen Düffelward und Griethausen lockt.

Es ist die Heimat großer Künstler, deren Werke in Museen und Kirchen entlang der Route präsent sind. Von den mittelalterlichen Holzschnitzern in Kalkar über den Landschaftsmaler Barend Cornelis Koekkoek und den Grafiker und Bildhauer Ewald Mataré bis zu Joseph Beuys reicht die stolze Liste der Künstler. Historische Burgen und Schlösser wie die Schwanenburg und Schloss Moyland in Bedburg-Hau säumen den Weg. Bedeutende Kirchen wie die Nicolai-Kirche in Kalkar oder die Pfarrkirche in Kleve-Rindern lohnen einen Besuch, und in Kalkar lädt eine Windmühle zur Einkehr ein.

Start und Ziel:	*Schwanenburg in Kleve*
Streckenlänge:	*ca. 52 km*
Streckenprofil:	*Leichte Steigungen am Ende der Tour zwischen Qualburg und Kleve*
Wegbeschaffenheit:	*Überwiegend asphaltierte Wirtschaftswege und ruhige Nebenstraßen*
Sehenswürdigkeiten:	***Kleve:*** *Schwanenburg, Museum Haus Koekoek, Museum Kurhaus Kleve, barocke Gartenanlagen, Wasserburg Rindern, Katholische Pfarrkirche St. Willibrord in Kleve-Rindern, Altrheinbrücke in Kleve-Griethausen;* ***Kalkar:*** *›Kernwasser Wunderland‹ im ehemaligen Schnellen Brüter, St.-Clemens-Kirche in Kalkar-Wissel, Wisseler Dünen, Lohwindmühle, gotisches Rathaus, St.-Nicolai-Kirche;* ***Bedburg-Hau:*** *Schloss Moyland, Moritzgrab*

   Informationen siehe Seite 16

Gartenanlagen in Kleve

Die Tour auf einen Blick

Nr.	km	Beschreibung

Nr. km

Beschreibung

Bei Anreise mit dem Zug, aus dem Bahnhof kommend nach rechts in die *Herzogstraße* und über den **Spoykanal**. Weiter auf der halblinks abknickenden *Herzogstraße*, dann dritte Straße links zur **Schwanenburg**.

① Von der Schwanenburg der NiederRheinroute folgend durch die *Schlossstraße* und die *Große Straße* in die *Kavariner Straße*. Auf der *Minoritenstraße* die Hauptstraße *Klever Ring* überqueren und weiter auf der *Tiergartenstraße*. Auf der Höhe der **barocken Gartenanlagen** nach rechts

1,6 in die *Wasserburgallee* auf den Verbindungsweg 1.

❷ 2,4 An der **Hauptstraße** (*Keekener Landwehr*) nach rechts und unmittelbar darauf nach links in einen schmalen Waldweg.

❸ 3,0 Vorbei an der Wasserburg Rindern auf dem

❹ 6,5 Drususdeich bis zum Altrhein. Dort auf der NiederRhein-

11,0 route nach rechts über **Wardhausen** nach **Griethausen**.

❺ Hinter **Griethausen** weiter auf dem Verbindungsweg 2 am Rhein entlang. Nach knapp 3 km nach rechts in Richtung **Emmericher Eyland/Till**. In Zickzackwindun-

24,5 gen auf dem Verbindungsweg 2 nach **Kalkar-Wissel**.

❻ In **Wissel** nach rechts auf die NiederRheinroute nach

❼ 31 Kalkar. Durch den Ort hindurch die B 57 überqueren und hinter den **Bahnschienen** nach rechts. Auf Zickzack-Wegen zur B 57 und dort nach links zum

❽ 37,0 Schloss Moyland. Auf der 2-Länder-Route in die

❾ 40,4 Ortschaft **Hasselt**.

Die B 57 überqueren und weiter nach **Schneppenbaum**. Dort nach rechts und weiter über **Bedburg-Hau** nach

❿ 43 Qualburg.

Dort die B 57 überqueren und nach rechts in die *Uedemer Straße* bis zum Stadtrand von **Kleve**. Die *Nassauer Allee* führt ins Stadtzentrum. Hinter der **Pfarrkirche Maria Himmelfahrt** nach rechts in die *Goldstraße* und

51,2 zur Schwanenburg.

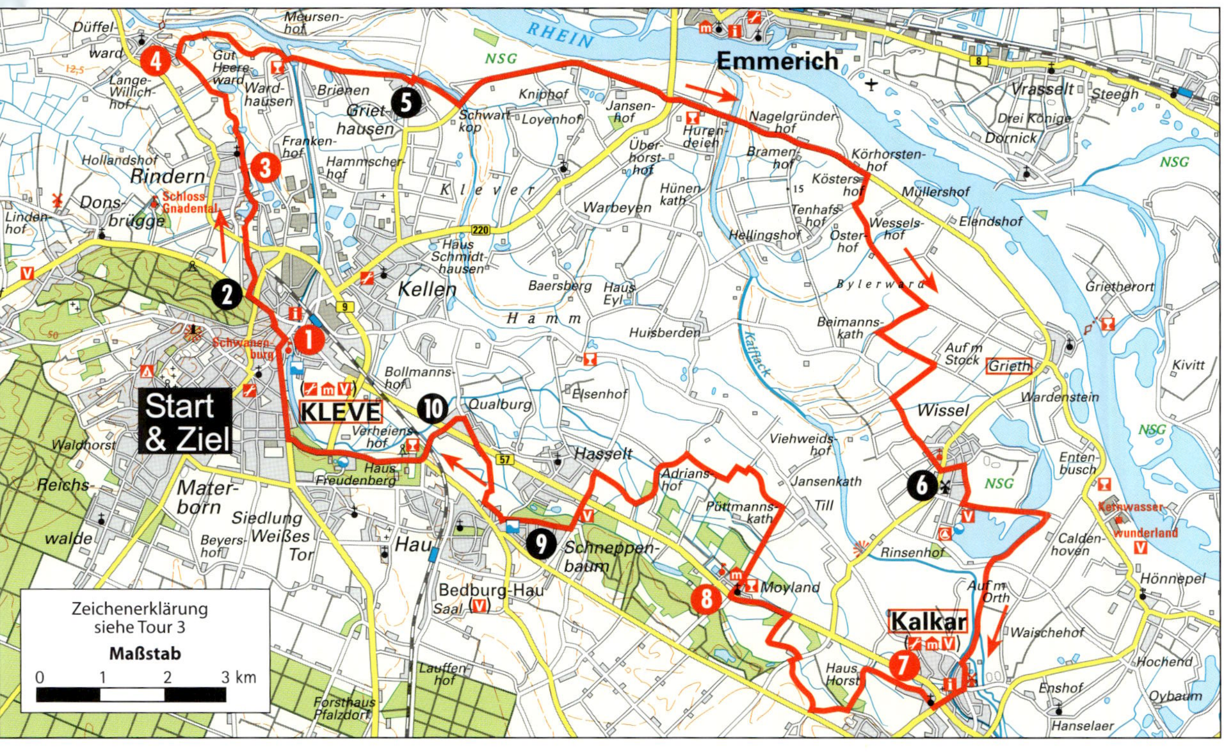
RHEIN
Emmerich
NSG
Düffel-ward
Lange-Willich-hof
Gut Heere ward
Ward-hausen
Meursen-hof
Brienen
Griet-hausen
Kniphof
Schwart kop
Loyenhof
Jansen-hof
Hüren-deich
Nagelgründer-hof
Bramen-hof
Körhorsten-hof
Vrasselt
Steegh
Drei Könige
Dornick
NSG
Hollandshof
Rindern
Dons-brügge
Linden-hof
Schloss Gnadenthal
Franken-hof
Hammscher-hof
Kleve r
Über-horst-hof
Warbeyen
Hünen-kath
Kösters-hof
Müllershof
Tenhafs-hof
Wessels-hof
Elendshof
Österhof
Grietherort
220
Haus Schmidt-hausen
Kellen
Baersberg
Haus Eyl
Hellingshof
Bylerward
Beimanns-kath
Auf'm Stock
Grieth
Kivitt
Wardenstein
Hamm
Huisberden
Katflack
Wissel
NSG
Schwanen-burg
i
9
KLEVE
Bollmanns-hof
Qualburg
Elsenhof
Viehweids-hof
6
Entenbusch
Kernwasser-wunderland
Start & Ziel
Verheiens-hof
10
Hasselt
57
Adrians-hof
Püttmanns-kath
Jansenkath
Till
Rinsenhof
Calden-hoven
Hönnepel
Reichs-walde
Materborn
Siedlung Weißes Tor
Beyers-hof
Haus Freudenberg
Hau
9
Schneppen-baum
8
m
Moyland
Kalkar
Auf'm Orth
Waischehof
Hochend
Waldhorst
Bedburg-Hau
Saal
V
7
Haus Horst
Enshof
Oybaum
Zeichenerklärung siehe Tour 3
Maßstab
0 1 2 3 km
Lauffen-hof
Forsthaus Pfalzdorf
Hanselaer
1
2
3
4
5

Wenn Sie mit dem Zug anreisen, radeln Sie aus dem Bahnhof kommend nach rechts in die *Herzogstraße* und überqueren den **Spoykanal**. Sie bleiben auf der halb links abknickenden *Herzogstraße*. Die dritte Straße links führt Sie dann zur **Schwanenburg ❶**.

Den eigentlichen Beginn der Route bildet die **Schwanenburg**. Erste Bauten der **Schwanenburg** gehen bereits auf die Zeit um das Jahr 1000 zurück. 200 Jahre später entstand eine bedeutende staufische Burganlage. Der erhalten gebliebene gotische Schwanenturm stammt aus der Zeit um 1450. Die 1665 zu einem barocken Schloss umgebaute Anlage verfiel im 18. Jahrhundert. Seit 1828 wird die Burg von der Justiz genutzt und dient heute als Sitz des Land- und Amtsgerichts Kleve. Der Schwanenturm bietet einen einzigartigen Panoramablick über die Stadt Kleve, die Auenlandschaft des unteren Niederrheins und die weit gezogenen Forstgebiete des Reichswaldes. Im Schwanenturm lohnt das Geologische Museum einen Besuch. Öffnungszeiten: April bis Oktober 11-17 Uhr, November bis März Sa. und So. 11-17 Uhr.

Wenn Sie von der Burganlage herunterfahren, folgen Sie der NiederRheinroute und biegen vor dem **Denkmal für Friedrich Wilhelm**, den Großen Kurfürsten, nach rechts in die *Schlossstraße* (Fußgängerzone) ein. An der nächsten T-Kreuzung lenken Sie nach rechts in die *Große Straße* und hinter dem **Kaufhof** in die nächste Straße nach links (*Kavariner Straße*).

Der Straßenname erinnert an die Cahorsiner, Bewohner der französischen Stadt Cahors, die als erste Bankiers in **Kleve** bereits im Mittelalter mit Geld handelten.

Auf der linken Seite liegt das **Museum Haus Koekoek**, Museum für Kunst und Geschichte des Klever Landes, *Kavariner Straße* 33. Das Palais diente dem niederländischen romantischen Landschafts-

Rathaus und Markt in Kalkar

maler Barend Cornelis Koekkoek (1803-1862) ab 1848 als Wohnung und Atelier. Das im Stile des 13. Jahrhunderts eingerichtete Haus zeigt ständig Werke von Barend Cornelis Koekkoek, seinen Schülern und Zeitgenossen. Hauptschwerpunkte weiterer Ausstellungen sind die mittelalterliche sakrale und profane Kunst am Niederrhein sowie Werke des niederländischen Barocks. Darüber hinaus zeigt eine stadtgeschichtliche Sammlung vorgeschichtliche und römische Funde aus dem Stadtgebiet von **Kleve**. Das Museum ist von Dienstag bis Sonntag und an Feiertagen 11-17 Uhr geöffnet.

Sie radeln weiter in Fahrtrichtung auf der *Minoritenstraße*, überqueren die Hauptstraße *Klever Ring* und folgen der *Tiergartenstraße* vorbei an schönen alten Villen und dem **Alten Kurhaus**.

Das prachtvolle Gebäude aus der zweiten Hälfte des 19. Jahrhunderts stammt aus der Blütezeit der Kurstadt ›Bad Cleve‹. Nach umfangreichen Renovierungsarbeiten präsentiert dort seit 1997 das ›Museum Kurhaus Kleve‹ Kunstwerke vom Mittelalter bis zur Gegenwart, von barocker Malerei des Rembrandt-Schülers Govert Flinck bis zum Atelier von Joseph Beuys im ehemaligen Badehaus. Ausstellungsschwerpunkt ist der Nachlass des bedeutenden deutschen Bildhauers der klassischen Moderne, Ewald Mataré (1887-1965). Ein weiteres Kernstück ist die Dauerleihgabe der Sammlung Ackermans, die wichtige Strömungen der Gegenwartskunst dokumentiert. Das Museum ist von Dienstag bis Sonntag 11-17 Uhr geöffnet.

Direkt daneben liegen die **barocken Gartenanlagen** mit dem **Amphitheater**. Die Gärten, die der klevische Statthalter Johann Moritz von Nassau-Siegen anlegen ließ, wurden zum Vorbild für viele europäische Parks und Gärten von Versailles bis Berlin. Inspiriert von der natürlichen Landschaft schuf der Architekt Jakob van Campen mit dem **Sternberg** einen zentralen Punkt, von dem zehn Alleen ausgingen, die auf besondere Aussichtspunkte gerichtet waren. Einen besonderen Blickfang stellt das **Amphitheater** am Springenberg dar: ein Halbrund mit aufsteigenden Terrassen, Teichen und Springbrunnen in Form eines griechischen Theaters. In der Mitte thront der Abguss einer Statue der Pallas Athene.

1,6 km Gegenüber den Gartenanlagen lenken Sie nach rechts in die *Wasserburgallee* und folgen dem Verbindungsweg 1.

Auf der sehr schönen Allee radeln Sie vorbei an gepflegten Parkanlagen mit kleinen Seen, auf denen ein Schwan natürlich nicht fehlen darf. Am Ende der Allee gelangen Sie an eine **2,4 km** **Hauptstraße** (*Keekener Landwehr*) ❷, wo Sie nach rechts und unmittelbar darauf nach links in einen schmalen Waldweg einbiegen. Nach ca. 700 m mündet der Waldweg auf eine Straße, die – **3,1 km** vorbei an der **Wasserburg Rindern** ❸ – direkt auf die Kirche des Ortsteils **Rindern** zuführt.

Wasserburg Rindern ist streng genommen keine Burg, sondern ein um 1654 erbautes Herrenhaus im Stil des holländischen Barock. Die katholische **Pfarrkirche St. Willibrord** wurde 1869 bis 1872 im neugotischen Stil errichtet. Als Altar dient ein römischer Weihestein für den Gott Mars Camulus. In der Nordseite des Chores ist Johanna Sebus bestattet, die als 17-Jährige bei der Hochwasserkatastrophe von 1809 eine Familie zu retten versuchte und dabei ertrank. Johann Wolfgang von Goethe widmete ihr das Gedicht ›Johanna Sebus‹.

Auf einer landschaftlich überaus reizvollen Strecke radeln Sie vorbei an kleinen, mit Seerosen bestandenen Kolken und Kuhweiden auf dem **Drususdeich** ❹ nach Norden.

Der Deich ist nach dem Stiefsohn des Augustus und jüngeren Bruder des Tiberius, Nero Claudius Drusus Germanicus (38-9 v. Chr.), benannt. Im 19. Jahrhundert glaubten Romantiker, in diesem

Deich die *moles* des Drusus zu sehen. Nach Berichten des römischen Historikers Tacitus hatte Drusus ein solches Wehr am Niederrhein angelegt, um die Waal zu sperren.

Auf dem weiteren Weg passieren sie **Gut Hogefeld**, ein Herrenhaus mit Turm, und gelangen schließlich bei **Düffelward** an den Rand der Düffel.

Die weiträumige, stellenweise nur 10 m über dem Meeresspiegel liegende Niederung der Düffel erstreckt sich zwischen **Donsbrüggen** und **Zyfflich**, **Kranenburg** und **Keeken**. In dieser größten zusammenhängenden Auenlandschaft des Niederrheins finden Sie von zahlreichen Entwässerungsgräben durchzogene Wiesen und Weiden, lange Pappelreihen und Gruppen von Kopfweiden.

6,5 km
Wenn Sie den **Deich des Altrheins** erklommen haben, stoßen Sie wieder auf die Niederrhein-Hauptroute, der Sie nach rechts folgen. Bald sehen Sie schräg links vor sich den Eltener Berg und später auch die Rheinbrücke von Emmerich.Mit schönen Blicken auf den Altrhein führt die Route auf dem Deich nach **Wardhausen**.

8,5 km
Sie setzen bei einer **Schleuse** über den malerischen Spoykanal, einem Anglerparadies, wo sich auch die Möwen wohl fühlen. Eine Gaststätte mit Biergarten lädt zu einer Rast ein.

Anschließend geht es weiter auf der Deichstrecke nach

11,0 km
Griethausen, wo eine historische Eisenbahnbrücke über den Altrhein führt und am alten Rheintor Hochwassermarken an harte Kämpfe mit den Fluten erinnern.

Die zwischen 1863 und 1865 errichtete Altrheinbrücke ist die älteste erhaltene stählerne Flussüberbauung Westdeutschlands. Im Gegensatz zu anderen festen Flussübergängen aus den ersten Jahrzehnten des Eisenbahnbrückenbaus wie z.B. in Köln und Düsseldorf, von denen nur noch Vorlandbrücken und Strompfeiler erhalten sind, dokumentiert die **Griethausener Altrheinbrücke** den Stand der Ingenieurleistung um die Mitte des 19. Jahrhunderts.

Hinter **Griethausen** ❺ stoßen Sie auf eine Landstraße, die Sie nach links auf den Rhein zuführt. Links sehen Sie noch einmal den Eltener Berg und rechts rückt die **Emmericher Rheinbrücke** näher.

Die NiederRhein-Hauptroute führt hier über den Rhein nach Emmerich. Wenn Sie in Ruhe die Atmosphäre genießen und den Schiffen zuschauen möchten, empfiehlt sich ein Abstecher zur Rheinpromenade in Emmerich. Ansonsten radeln Sie geradeaus auf dem Verbindungsweg 2 am Rhein entlang. Nach knapp 3 km biegt die Route nach rechts ab in Richtung **Emmericher Eyland/Till**. Nach weiteren 2,5 km heißt es aufpassen, denn die Route knickt scharf nach rechts ab. Bald darauf sehen Sie links in der Ferne das Ungetüm des Schnellen Brüters.

15 km

18 km

Als 1986 der **Schnelle Brüter** in **Kalkar** für eine Investitionssumme von über 7 Mrd. DM fertig gestellt war, zeigte der Unfall im Atomkraftwerk Tschernobyl drastisch die potenziellen Gefahren der Technologie, durch die aus Uran spaltbares Plutonium zur Energieerzeugung ›erbrütet‹ werden sollte. Im März 1991 fiel die endgültige Entscheidung gegen eine Inbetriebnahme des Schnellen Brüters. Da sich niemand fand, der die Abrisskosten in Höhe von 150 Mio. DM tragen wollte, erwarb schließlich ein niederländischer Unternehmer die Investitionsruine und wandelte sie in einen Freizeitpark um.

In weiteren Zickzackwindungen führt die Route nach **Kalkar** in den Ortsteil **Wissel** ❻.
Hinter der **St.-Clemens-Kirche** stoßen Sie auf die NiederRheinroute, der Sie nach rechts folgen.

24,5km

Die katholische Pfarrkirche St.-Clemens, eine Doppelturmbasilika aus der Mitte des 12. Jahrhunderts, ist die besterhaltene romanische Kirche am unteren Niederrhein. Während der Kirchenbau überwiegend aus Tuffstein besteht, prägen gotische Sakramentsnischen und ein romanisches Taufbecken mit Tierfiguren und Blattwerk aus Sandstein den Innenraum. Das Vesperbild aus dem frühen 16. Jahrhundert soll aus dem berühmten Douvermannschen Sieben-Schmerzen-Altar stammen und gibt einen Vorgeschmack auf den Besuch der St.-Nicolai-Kirche in **Kalkar**.

Später radeln Sie über die *Hellendornstraße* in den *Dünenweg*, der zum **Naturschutzgebiet Wisseler Dünen** führt.

26 km

West- und Südwestwinde türmten die bis zu 8 m hohen Dünen vermutlich vor über 500 Jahren auf. Der hier abgelagerte, feine Flugsand wurde aus unbewachsenen Sandbänken, die bei früheren

21

Verlagerungen des Rheinbetts entstanden, herausgeblasen. Die trockenen, nährstoffarmen Flugsande bieten nur wenigen Pflanzenarten Überlebenschancen, darunter dem Silbergras, von dem es hier ausgedehnte Bestände gibt. Bald darauf bietet das **Naturfreibad Wisseler See** 100 ha Wasserfläche mit großem Sandstrand eine Gelegenheit zur Abkühlung sowie vielfältige Wassersport- und Freizeitmöglichkeiten.

Der nicht asphaltierte Weg, der am Ufer des **Wisseler Sees** entlangführt, wird von dichtem Ufergebüsch gesäumt, das nur selten einen Blick auf die Wasserfläche freigibt. Später verläuft die Route zumeist über Feldwege nach **Kalkar**.

Sie lenken am Ortsrand von Kalkar ❼ nach links auf den **Jakobuswall**.

31 km

Mauer und Wall der mittelalterlichen Stadt sind in diesem Bereich noch erhalten und werden malerisch vom Leybach umflossen.

Nach 500 m passieren Sie die **Lohwindmühle**.

Die 1770 erbaute **Windmühle** wurde 1995-96 umfassend renoviert. Daneben entstand ein neues Backhaus mit einem alten gemauerten Backofen. Der ehemalige Kornspeicher wurde zu einer modernen Gaststätte mit eigenem kleinen Brauhaus umgebaut. Besichtigung der Windmühle (im Sommer): Di bis Fr 15 bis 17.30 Uhr, Sa, So, Führungen nach Vereinbarung.

Hinter der Windmühle biegen Sie rechts ein, überqueren auf einer **Brücke** den Leybach, später die *Grabenstraße* und gelangen schließlich auf den Marktplatz.

Stolze Treppengiebelhäuser und ausgemalte Bürgerhäuser aus dem 14. bis 16. Jahrhundert säumen den großen Platz und die Seitenstraßen. Überragt wird das Ensemble von dem mächtigen gotischen **Rathaus**. Der dreigeschossige, mit Turm und Zinnen bewehrte Backsteinbau wurde zwischen 1436 und 1445 vom herzoglich-klevischen Baumeister Johann Wyrenbergh entworfen und gebaut. Ursprünglich diente er als Handels-, Lager-, Fest-, Gerichts- und Verwaltungshaus.

Sie radeln auf der *Altkalkarer Straße* weiter geradeaus. Nach wenigen Metern lenken Sie nach links in die *Jan-Joest-Straße* zur **St.-Nicolai-Kirche**. 32 km

Die ebenfalls von Wyrenbergh 1450 erbaute **St.-Nicolai-Kirche** zählt zu den größten dreischiffigen Hallenkirchen des Niederrheins. Wegen ihrer kostbaren Schnitzaltäre gilt sie als Schatzkammer mittelalterlicher Kunst. Einst standen in der Kalkarer Kirche 15 Altäre, die von Bruderschaften und Gilden gestiftet waren. Obwohl 1818 mehrere Altäre veräußert wurden, bietet die Kirche noch heute mit ihren acht Altären eine unvergleichliche Fülle von Werken der niederrheinischen mittelalterlichen Schnitzkunst.

Georgsaltar

Sie radeln weiter auf der *Altkalkarer Straße* nach Süden, überqueren die B 57 und folgen der NiederRheinroute hinter den **Bahnschienen** nach rechts in den *Behrnenweg*. Nach ca. 2 km passieren Sie **Haus Horst**. Der ehemalige Herrensitz dient heute als komfortables Seniorenheim, doch sind in der Caféteria auch Radwanderer willkommen. 34 km

Die NiederRheinroute schlängelt sich im weiteren Verlauf auf kleinen Straßen und Wirtschaftswegen durch die Felderlandschaft, bis sie auf die B 57 zwischen **Kalkar** und **Kleve** stößt, in die Sie nach links einbiegen. Nach 600 m verlässt die Route die Bundesstraße und führt jetzt direkt auf **Schloss Moyland** ❽ zu. 37 km

Das großartige Schloss mit seinen Gartenanlagen aus dem späten 19. Jahrhundert ist nach langjährigen Wiederaufbauarbeiten wieder zu besichtigen. Von der mittelalterlichen Burg und dem barocken Schloss sind noch Reste erkennbar. Nach einer Umgestaltung durch den Kölner Dombaumeister Ernst Friedrich Zwirner im 19. Jahrhundert gehörte **Moyland** zu den wichtigsten neugotischen Schlossbauten am Rhein. Heute birgt **Schloss Moyland** eine umfangreiche Sammlung moderner Kunst. Der Schwerpunkt liegt dabei auf Arbeiten des in **Kleve** aufgewachsenen Joseph Beuys.

40,4 km   Nach der Besichtigung kehren Sie bis zur **Gaststätte Moyland** zurück und lenken dann nach links in die 2-Länder-Route, die hier über eine Eichenallee verläuft. Später überquert die Route zweimal eine stillgelegte Bahnstrecke und führt in Zickzackkurven auf die Ortschaft **Hasselt** zu.

43 km   Sie radeln bei den ersten Häusern von **Hasselt ❾** nach links, überqueren die B 57 und gelangen nach **Schneppenbaum**, wo linker Hand die **Gaststätte Schwanenhof** zu einer Rast einlädt.

Für die weitere Tour lenken Sie dort nach rechts und erreichen die ersten Häuser von **Bedburg-Hau**. Die Route passiert den Ortsrand und verläuft weiter in Richtung **Qualburg**. Unterwegs sehen Sie schon Ihren Zielpunkt, den Turm der **Schwanenburg** von **Kleve**.

47 km   Sie durchradeln die Ortschaft **Qualburg ❿** und überqueren schließlich die B 57. Bald darauf steigt die Straße leicht an, Sie biegen nach rechts in die *Uedemer Straße* ein, und schon nach weiteren 100 m lädt das **Restaurant-Hotel Berg und Tal** zum Verschnaufen ein.

Nur 300 m entfernt lohnt rechts der Route das **Moritzgrab** einen kurzen Besuch.

Dieses Grabmal ließ Fürst Johann Moritz von Nassau-Siegen (1604-79) 1678 für sich selbst errichten und mit antiken Funden dekorieren. Zu den römischen Altertümern gehörten Votivsteine, Altäre, Grabsteine, Aschenkrüge, Lampen und viele Haus- und Kriegsgeräte, die in der Umgebung von **Kleve** gefunden worden waren. Die ursprünglich im Grab eingebauten Antiken befinde sich heute im rheinischen Landesmuseum in Bonn. Sie wurden ebenso durch Kopien ersetzt wie die eingemauerten antiken Gefäße und die gusseisernen Vasen aus dem 17. Jahrhundert, die die Pfeiler bekrönen.

Nach 2 km Berg- und Talfahrt erreichen Sie den Stadtrand von **Kleve**. Die *Nassauer Allee* führt Sie in Fahrtrichtung ins Stadtzentrum. Hinter der **Pfarrkirche Maria Himmelfahrt** lenken Sie nach rechts in die *Goldstraße* und erreichen ihren Ausgangspunkt, die **Schwanenburg**.

51,2 km

Schwanenburg in Kleve

Die Römer am Rhein

Xanten – Rees – Xanten

Die abwechslungsreiche Tour führt zu bedeutenden Zeugnissen der Geschichte am Niederrhein. Von der Römerstadt Colonia Ulpia Traiana zieht sich die Route über das mittelalterliche Xanten in die Festungsstadt Rees, die im niederländisch-spanischen Krieg hart umkämpft war. Bedeutende religiöse Zentren, wie der Viktor-Dom in Xanten und die Wallfahrtskirche in Marienbaum lohnen ebenso einen Besuch wie Windmühlen und Heimatmuseen. Landschaftlich besonders reizvoll sind die Etappen in Rheinnähe. Wichtig: Beachten Sie die Fährzeiten, da Sie ansonsten einen 30 km langen Umweg über die Rheinbrücke in Wesel in Kauf nehmen müssen.

Start und Ziel:	*Archäologischer Park in Xanten*
Streckenlänge:	*ca. 43 km*
Wegbeschaffenheit:	*Überwiegend asphaltierte Wirtschaftswege und ruhige Nebenstraßen*
Fähre:	*Personenfähre zwischen Wesel-Bislich und Xanten-Beek, Karfreitag bis Ende Oktober Sa, So und feiertags sowie Mi und Fr 10 bis 19 Uhr, Tel. 02857 - 272*
Sehenswürdigkeiten:	*Xanten: Archäologischer Park, Kriemhildmühle, Dom St. Viktor, Biermannsmühle, Klosterkirche Marienbaum; Rees: Stadtbefestigung, Pfarrkirche Maria Himmelfahrt, Museum Koenraad Bosman; Wesel: Pfarrkirche St. Johannes, Heimatmuseum Bislich*
Information:	*Tourist Information Xanten GmbH (TIX), Kurfürstenstr. 9, 46509 Xanten, Tel. 02801 - 772-200, Fax 02801 - 772-399-199, e-Mail: info@xanten.de; Stadt Rees, Markt 1, 46459 Rees, Tel. 02851 - 51-0, Fax 02851 - 51-925; StadtinformationWesel, Großer Markt 11, 46483 Wesel, Tel. 0281 - 24498, Fax 0281 - 14053, e-Mail: VerkehrsvereinWesel@t-online.de*

Hafentempel im Archäologischen Park

Die Tour auf einen Blick

Nr.	km	Beschreibung

Beschreibung

Bei Anreise mit dem Zug durch die *Bahnhofstraße* in Richtung Innenstadt, vor dem **Stadtwall** links in die *Siegfriedstraße* und unmittelbar danach rechts in die *Rheinwstraße*, die Sie durch den alten Stadtkern führt. Nach Überqueren der B 57 sehen Sie linker Hand den Eingang des **Archäologischen Parks**.

1 Vom **Archäologischen Park** nach rechts über die B 57, danach rechts in den *Nordwall* bis zur **Kriemhildmühle**. Dort nach links in die *Brückstraße* zum

2 1 **Dom St. Viktor**. Zurück in die *Brückstraße*, nach links in die *Rheinstraße* und anschließend nach rechts in die *Siegfriedstraße*. Weiter auf der NiederRheinroute zur

3 2,3 **Biermannsmühle**. Vor der Mühle nach links in die *Trajanstraße* und auf der NiederRheinroute über das **Franziskanerkloster Mörmter** in den Ortsteil

4 10,5 **Marienbaum**. Dort nach rechts in die *Klosterstraße* und auf dem Verbindungsweg 10 bis an den

5 13,5 **Rhein**. Durch den Ortsteil **Obermörmter** auf die B 67 und über die **Rheinbrücke** nach

6 20 **Rees**.

22 Über die *Wardstraße* zum **Markt**.

7 Hinter dem **Markt** nach links und auf der NiederRheinroute bis zum **Restaurant Haus Arentsen**.

23,5

8 Weiter auf dem Verbindungsweg 8 in einem weiten

30 Schlenker über **Schloss Bellinghoven** in das Dorf **Mehr**.

9 Hinter **Mehr** auf einem gut ausgebauten Radweg weiter nach Süden bis **Bislich**.

10 38,2 In **Bislich** weiter auf der NiederRheinroute und später dem Verbindungsweg 16 zum Rhein und zur

11 **Fähre**. Weiter nach **Xanten**, dort auf dem nördlichen Wall bis zur *Rheinstraße*. Nach rechts über die B 57 zum

1 43 **Archäologischen Park**.

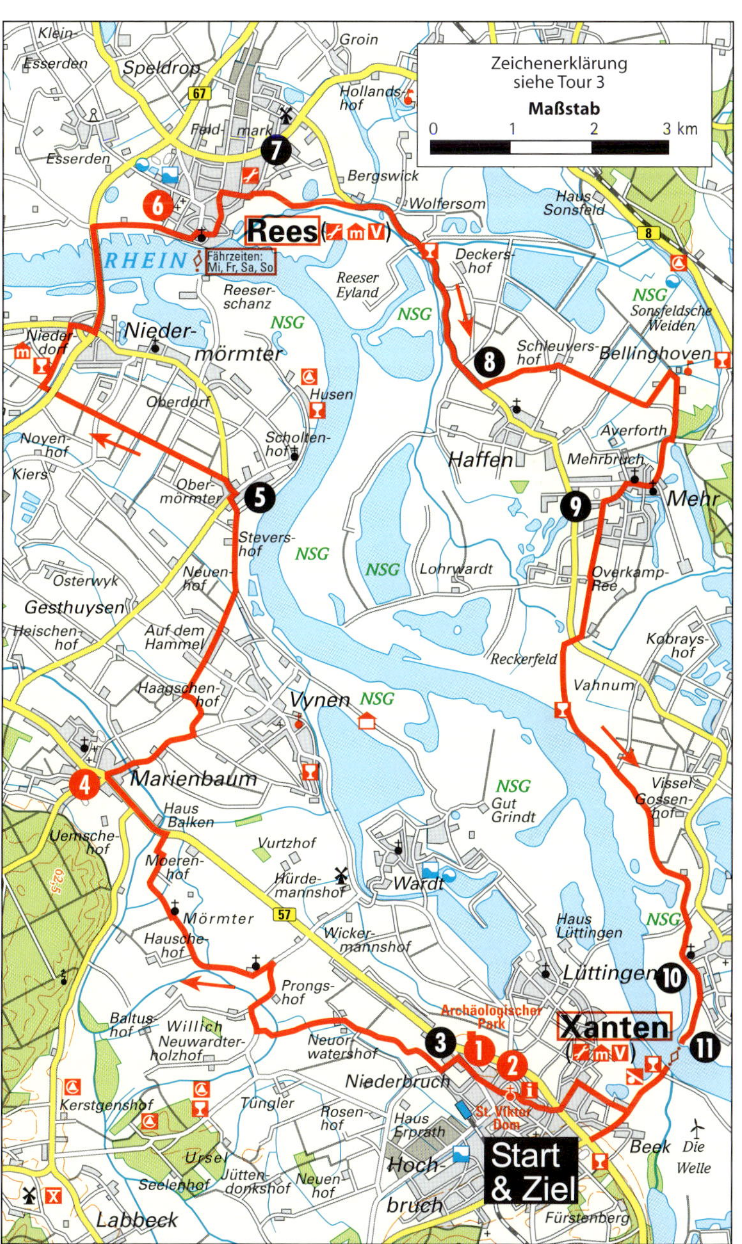
Klein-
Esserden
Speldrop
Groin
67
Hollands-
hof
Feld-mark
7
Esserden
6
Rees
Fährzeiten:
Mi, Fr, Sa, So
RHEIN
Wolfersom
Haus
Sonsfeld
8
Deckers-
hof
NSG
Sonsfeldsche
Weiden
Reeser-
schanz
Reeser
Eyland
NSG
Niederdorf
Niedermörmter
8
Schleuvers-
hof
Bellinghoven
Oberdorf
Husen
Haffen
Averforth
Mehrbruch
Mehr
Noyen-
hof
Kiers
Scholten-
hof
9
Ober-
mörmter
5
Stevers-
hof
Overkamp-
Ree
Osterwyk
Neuen-
hof
NSG
Lohrwardt
NSG
Kobrays-
hof
Gesthuysen
Heischen-
hof
Auf dem
Hammel
Vahnum
Haagschen-
hof
Vynen
NSG
Reckerfeld
Marienbaum
4
Haus
Balken
NSG
Gut
Grindt
Vissel
Gossen-
hof
Uemsche-
hof
Vurtzhof
Moeren-
hof
Hürde-
mannshof
Wardt
Haus
Lüttingen
NSG
Mörmter
57
Wicker-
mannshof
Lüttingen
10
Hausche-
hof
Prongs-
hof
Archäologischer
Park
Xanten
11
Baltus-
hof
Willich
Neuwardter-
holzhof
Neuor-
watershof
3
1
2
Niederbruch
St. Viktor
Dom
Kerstgenshof
Tüngler
Rosen-
hof
Haus
Erprath
Beek
Die
Welle
Ursel
Jütten-
donkshof
Neuen-
hof
Start
& Ziel
Labbeck
Hoch-
bruch
Fürstenberg
Zeichenerklärung
siehe Tour 3
Maßstab
0   1   2   3 km

Wenn Sie mit dem Zug anreisen, radeln Sie durch die *Bahnhofstraße* in Richtung Innenstadt, lenken vor dem **Stadtwall** nach links in die *Siegfriedstraße* und gleich danach rechts in die *Rheinstraße*, die Sie durch den alten Stadtkern führt. Nach Überqueren der B 57 sehen Sie linker Hand den Eingang des **Archäologischen Parks**.

Die Tour selbst startet am **Archäologischen Park ❶** in Xanten.

Um das Jahr 100 bauten die Römer nahe dem heutigen **Xanten** die Stadt ›Colonia Ulpia Traiana‹, nach der ›Colonia Claudia Ara Agrippinensium‹, dem heutigen Köln, die zweitgrößte römische Zivilsiedlung in der Provinz Niedergermanien. Die römische Stadt wurde zwar im Mittelalter als Steinbruch ausgebeutet, aber niemals überbaut, so dass nach Freilegung der Fundamente auf den alten Grundmauern römische Bauten rekonstruiert werden konnten. Ein neues RömerMuseum mit einer Länge von 70 Metern und einer Höhe von 20 Metern macht die Dimensionen der antiken Architektur erfahrbar. Über 2.500 Exponate und moderne Medien zeichnen auf rund 2.000 Quadratmetern Ausstellungsfläche ein lebendiges Bild des römischen Alltags in Germanien.

Rheinbrücke bei Rees

Nach der Besichtigung lenken Sie an der **Parkplatzausfahrt** nach rechts, überqueren die B 57, biegen gleich anschließend nach rechts in den *Nordwall* und radeln auf die **Kriemhildmühle** zu.

Im ausgehenden 14. Jahrhundert ließ der Kölner Erzbischof Friedrich von Saarwerden **Xanten** mit einer Stadtbefestigung umgeben. Aus dieser Zeit stammt der Wehrturm, den die Stadt 1778 aus Geldnot an einen Kaufmann verkauft hat, der sie zu einer Windmühle ausbaute. Heute nutzt ein Bäckermeister die Mühle wieder zum Mahlen mit Windkraft. Besichtigung ist möglich: Di bis Fr 8.30 Uhr bis 18.30 Uhr, Mo ab 14 Uhr, Sa bis 18 Uhr, So je nach Witterung 11 Uhr bis 17 Uhr.

Bei der **Kriemhildmühle** lenken Sie nach links in die *Brückstraße*. Gleich links steht die **Kriemhildpumpe**. Weiter in Fahrtrichtung erreichen Sie den **Dom St. Viktor** ❷.

Die beiden staufischen Türme der Westfassade aus der Zeit um

Kaiser Trajan

1 km

1200 gehören zum spätromanischen Vorgängerbau, der ab 1263 durch einen gotischen Neubau ersetzt wurde. Die unterschiedlichen Stilepochen in der rund 350-jährigen Bauzeit lassen sich gut auf der Südseite unterscheiden. Die Innenausstattung zeigt den Wohlstand des Stiftes und der Stadt im späten 15. bis ins frühe 16. Jahrhundert. Zu den herausragenden Kunstgegenständen zählen der 1529-49 gefertigte Hochaltar mit den Reliquienbüsten und Schnitzarbeiten von Heinrich Douvermann und Arnt van Tricht, die Flügelgemälde stammen von Barthel Bruyn d. Ä. Auch der aus Holz geschnitzte Marienaltar von Heinrich Douvermann (um 1535) ist ein Meisterwerk spätgotischer Holzschnitzkunst. Über einer der kleineren Kirchentüren steht die Aufschrift ›Ad sanctos martyres‹ (Zu den heiligen Märtyrern). Aus dem Begriff ›Ad sanctos‹ wurde der Name Xanten.

Der Rhein bei Rees

Sie fahren dann zurück in die *Brückstraße*, lenken nach links in die Rheinstraße und anschließend nach rechts in die *Siegfriedstraße*, auf der Sie auf die Beschilderung der NiederRheinroute stoßen, der Sie weiter folgen. Vorbei an Resten eines römischen **Tempels der Matronen** radeln Sie auf die **Biermannsmühle** ❸ zu.

2,3 km

Diese höchste Windmühle des Rheinlandes, eine konische Holländermühle mit Galerie, wurde im 18. Jahrhundert erbaut. Sie ist bewohnt.

Vor der Mühle folgen Sie der Beschilderung der Nieder-Rheinroute nach links in die *Trajanstraße* und gelangen bald in die offenen Felder. Hin und wieder bieten sich reizvolle Fotomotive einer typischen Niederrheinlandschaft mit alten Weiden.

Vorbei am **Franziskanerkloster Mörmter** erreichen Sie den Ortsteil **Marienbaum** ❹. Nach ca. 600 m knickt die Nieder-Rheinroute nach links ab. Zur Besichtigung der alten **Wallfahrtskirche** radeln Sie noch ein paar Meter geradeaus und überqueren bei der nächsten Fußgängerampel die Fahrbahn.

10,5 km

Die Tradition **Marienbaums** als ältestes niederrheinisches Marienheiligtum geht auf das Jahr 1430 zurück. Verehrt wird hier eine um 1490 geschaffene Muttergottesfigur aus Sandstein. Von einer spätgotischen

Landschaft bei Rees

Klosterkirche blieb nur der mit Netzgewölben ausgestattete Chor erhalten und vom Kloster nur der Kapitelsaal. Die Kirche besitzt künstlerisch bedeutende Arbeiten, darunter ein spätgotisches Sakramentshaus, einen dreistöckigen Altaraufsatz der Spätrenaissance, ein spätgotisches Chorgestühl, zwei Gemälde, die Barthel

33

Bruyn d. Ä. zugeschrieben werden, und ein westfälisches Hungertuch von 1650 mit dem Weltgericht und den Leidenswerkzeugen.

Nach der Besichtigung radeln Sie zurück bis zur Straße, halten sich links und biegen dann erneut nach links in die *Klosterstraße*. Hier folgen sie dem Verbindungsweg 10 durch die Felder bis an den **Rhein** ❺.

Hier, bei Stromkilometer 832, genießen Sie das Panorama. Der breite Strom zieht sich in Schlingen von Süd nach Nord. Auf den Wiesen unterhalb des Rheindamms stehen schöne alte Weiden.

Sie fahren auf dem Rheindamm weiter nach Norden. Bald darauf entfernt sich die Route wieder vom Fluss, und Sie radeln durch den Ortsteil **Obermörmter** direkt auf die B 67 zu. Nach Überqueren der **Bundesstraße** fahren Sie nach rechts und folgen der Beschilderung der NiederRheinroute, die schließlich auf die **Rheinbrücke** führt. Rechts neben der Brücke verläuft ein geschützter Fußgänger- und Radweg. Von der Brücke genießen Sie ein großartiges Rheinpanorama.

Sie folgen der NiederRheinroute ins Zentrum von **Rees** ❻.

Die älteste Stadt am unteren Niederrhein erhielt bereits 1228 vom Kölner Erzbischof die Stadtrechte verliehen. Während des Spanisch-Niederländischen Krieges bauten die Niederländer **Rees** zu einer starken Festung aus, und ihren Festungscharakter hat sich die Stadt bewahren können: Große Teile der alten Stadtbefestigung vom Ende des 13. Jahrhunderts bis zur Mitte des 17. Jahrhunderts, darunter Mauern und Türme, sind erhalten geblieben.

Die Route verläuft über die *Wardstraße* zum **Markt** und nicht über die ausgesprochen schöne Rheinpromenade, die Spaziergängern vorbehalten ist. Wer aber dort rasten möchte, biegt bei den Ausflugslokalen rechts ab.
Hinter dem **Markt** ❼ knickt die Route nach links ab und führt an der Katholischen **Pfarrkirche Maria Himmelfahrt** vorbei.

Die großräumige Kirche wurde 1820-28 im klassizistischen Stil errichtet. Sie birgt im Innern eine Holzgruppe des hl. Georg aus der Mitte des 16. Jahrhunderts und eine thronende Madonna aus der Zeit um 1320.

Stadtbefestigung in Rees

Oberhalb der Straßenecke *Oberstadt/Am Bär* liegt das **Rondell**. An der schön angelegten Pumpe der Pumpengemeinschaft Am Bär ›Kühlen Dronk‹ lenken Sie für einen kleinen Abstecher nach rechts. Sie passieren einem **Wachtturm**, der um 1450 bei der Verstärkung der Reeser Befestigungsanlagen errichtet und originalgetreu wieder aufgebaut wurde, gelangen zum **Rondell**, wo ein alter Mörser an die Kämpfe zwischen spanischen und deutschen Truppen im Jahre 1599 erinnert. Weiter rechts ragt markant der 1470 erbaute **Mühlenturm** aus der Stadtbefestigung.

Zurück auf der Straße *Am Bär* passieren Sie an der Ecke zur Straße *Vor dem Falltor* das **Städtische Museum Koenraad Bosman**, das Gemälde niederländischer Maler der Romantik, Werke niederrheinischer Künstler sowie Urkunden zur Stadtgeschichte zeigt. Unter dem Museum ist eine im 16. Jahrhundert erbaute Kasematte für leichtere Geschütze zu besichtigen. Öffnungszeiten: Sa 14 bis 17 Uhr, So 11 bis 13 und 14 bis 17 Uhr.

Sie radeln weiter ❽ auf der NiederRheinroute bis zum **Restaurant Haus Arentsen**, wo Sie dem Verbindungsweg 8 in Fahrtrichtung folgen. Die Route folgt nun ein Stück weit einer wunderschönen Buchenallee.

23,5 km

Landschaftlich reizvoll führt der vorbildlich angelegte Radweg vorbei an Kolken und Altrheinarmen. Bei **Haffen** durchziehen Pappelreihen das Bauernland, um den Wind abzuhalten, den der Radwanderer auf der Deichkuppe besonders intensiv zu spüren bekommt.

In weitem Schlenker führt der Verbindungsweg landeinwärts zum **Schloss Bellinghoven**, das im 16. Jahrhundert errichtet und im 18. Jahrhundert umgebaut wurde, und weiter zu dem von reizvollen Gewässern umgebenen Dorf **Mehr**.

Östlich des Dorfes liegt die **Lange Renne**, ein See mit Camping-, Angel- und Bademöglichkeiten. Westlich von **Mehr** prägen malerische Kolke das typisch niederrheinische Landschaftsbild.

33,5 km

Hinter **Mehr** ❾ verläuft der Verbindungsweg wieder auf einem gut ausgebauten Radweg weiter nach Süden bis zur *Bislicher Straße*. Dann folgt eine Schotterstrecke, die jedoch landschaftlich überaus reizvoll ist und schöne Ausblicke über die flache Niederrheinlandschaft ermöglicht. Im Osten erscheint die Hügelkette des Xantener Hochwaldes im Blickfeld, und bald darauf sind auch die Türme des **Doms** zu sehen. Die Route nähert sich dem Rhein, und vom Deich aus bietet sich ein wunderschöner Panoramablick über den breiten Strom auf das gegenüberliegende **Xanten**.

Linker Hand direkt unterhalb des Rheindeiches lädt ein kleines **Lokal** mit ein paar Tischen vor der Tür zum Verweilen ein. ›Nur ein Viertelstündchen...‹ lockt die Aufschrift auf dem alten Häuschen.

38,2 km

Nahe der **Bislicher Kirche** ist auch das sehenswerte **Heimatmuseum** ausgeschildert.

In der hinter dem Rheindeich liegenden katholischen **Pfarrkirche St. Johannes**, einer dreischiffigen gotischen Pfeilerbasilika aus dem 15. Jahrhundert, sind noch Reste des romanischen Vorgängerbaus erhalten. Im Innern sind ein spätgotisches Sakramentshaus und ein gotischer Taufstein sehenswert.

Das **Heimatmuseum** in der Dorfstraße 24 zeigt Exponate zur Regionalgeschichte, zur Bislicher Fischer- und Schiffertradition und zum Weseler Zinngießerhandwerk. Besonderer Stolz des Museums ist der Abguss des ›Lüttinger Knaben‹, einer antiken Bronzestatue,

die Fischer im Jahre 1858 im Rhein bei **Bislich** gefunden haben. Die Vogelsammlung bietet mit 340 Präparaten einen Überblick über die niederrheinische Vogelwelt.

In **Bislich** ❿ stoßen Sie auf die NiederRheinroute. Wenn diese nach gut 1 km nach links abzweigt, folgen Sie dem Verbindungsweg 16 zum Rhein und zur **Personenfähre ›Keer Tröch II‹** ⓫, die zwischen **Wesel-Bislich** und **Xanten-Beek** in der Zeit von Karfreitag bis Ende Oktober jeweils samstags, sonn- und feiertags sowie zusätzlich mittwochs und freitags von 10 bis 19 Uhr, ab 1. Oktober nur noch bis 18 Uhr verkehrt. Weitere Informationen: Edmund Ramms, Tel.: 02859 - 740. Auf der Xantener Seite lockt das **Fährhaus**, ein Ausflugslokal mit Biergarten und schönem Kinderspielplatz.

Wenn Sie auf die Beschilderung der NiederRheinroute stoßen, folgen Sie ihr nach rechts auf den **Xanten** nördlich umlaufenden Wall. Die Route knickt bald nach links ab in Richtung Stadtmitte. Sie setzen hier die Fahrt auf dem Wall fort bis zur *Rheinstraße*, in die Sie nach rechts einbiegen, um die B 57 zu überqueren und zum **Archäologischen Park** ❶ zurückzukehren.

Festungsstadt und Friedenskünstler

*Hamminkeln – Ringenberg – Dingden – Haus Esselt – Krudenburg –
Wesel – Schloss Diersfordt – Hamminkeln*

Kriegerische Konflikte prägten die Geschichte am Niederrhein. Mitten in der reizvollen, friedlich-bäuerlichen Landschaft künden Burgen von lokalen Fehden des Mittelalters, und die Festungsstadt Wesel veranschaulicht die Entwicklung des militärischen Festungsbaus bis in das frühe 20. Jahrhundert. Die entgegengesetzte Tradition verkörpert der Künstler Otto Pankok, der sich Zeit seines Lebens für Frieden und verfolgte Minderheiten einsetzte. Viele seiner Werke können in seinem Atelier besichtigt werden. Aber auch Schlösser, Kirchen und Windmühlen am Wegesrand lohnen eine Radelpause.

Start und Ziel: Bahnhof Hamminkeln
Streckenlänge: ca. 82 km
Wegbeschaffenheit: Überwiegend asphaltierte Wirtschaftswege und ruhige Nebenstraßen. Kleine Steigung zwischen Brünen und Haus Esselt
Sehenswürdigkeiten: **Hamminkeln:** Schloss Ringenberg, evangelische Dorfkirche Ringenberg, Pfarrkirche St. Pankratius Dingden, evangelische Dorfkirche Brünen, evangelischen Dorfkirche Hamminkeln mit Christopherus-Fresko; **Hünxe:** Haus Esselt mit dem Otto-Pankok-Museum, evangelische Kirche Drevenack, Treidelschiffer-Dorf Krudenburg; **Wesel:** Schill-Denkmal, Berliner Tor, Wasserschloss Diersfordt
Information: Stadt Hamminkeln, Brüner Straße, 46499 Hamminkeln, Tel. 02852 - 880, Fax 02852 - 88130, e-Mail: info@hamminkeln.de; Stadt Hünxe, Dorstener Str. 24, 46569 Hünxe, Tel. 02858 - 690, Fax 02858 - 69222, e-Mail: info@huenxe.de; Stadtinformation Wesel, Großer Markt 11, 46483 Wesel, Tel. 0281 / 2 44 98, Fax 0281 / 1 40 53, e-Mail: VerkehrsvereinWesel@t-online.de

Berliner Tor

Die Tour auf einen Blick

Nr.	km	Beschreibung
❶		Vom **Bahnhof Hamminkeln** nach rechts auf der Nieder-Rheinroute
❷	1,5	zum **Schloss Ringenberg**
❸	6,4	und weiter nach **Dingden**.
	12	Aufpassen, wenn zwischen **Dingden** und **Brünen** die NiederRheinroute hinter einem kleinen Wäldchen und einem folgenden Feld jäh nach rechts auf einen von Bäumen gesäumten Feldweg führt.
❹	17,0	Wer das Hinweisschild übersieht, kann auch auf dem Fernradwanderweg R 21 bis **Brünen** weiterradeln.
❺	19,8	Weiter auf der NiederRheinroute zum **Haus Esselt** mit dem Otto-Pankok-Museum.
❻	27,3	Aus dem Museum kommend, nach links in den *Otto-Pankok-Weg*. Nach 1 km, am Ende des *Otto-Pankok-Weges*, geradeaus auf dem Fernradwanderweg 21 nach **Drevenack**.
	29,2	Hinter Drevenack an einer **T-Kreuzung** auf der NiederRheinroute nach links
❼	30,3	bis nach **Krudenburg**.
❽	42,4	Zurück auf der NiederRheinroute nach **Wesel** zum **Lippehafen** und zum **Schill-Denkmal**.
❾	43,9	Weiter auf der NiederRheinroute bis zum **Berliner Tor**. Von dort über den Verbindungsweg 28 zur Nieder-Rheinroute, die nach rechts hin zum Rhein führt.
	45,7	
❿	55,8	Am Rhein entlang bis nach **Bislich**. Hinter der Kirche von **Bislich** auf der NiederRheinroute landeinwärts
⓫	61,5	zum **Wasserschloss Diersfordt**.
⓬	70,6	Weiter auf der NiederRheinroute durch den Ortskern von **Hamminkeln** bis zum **Bahnhof**.

Die Route kann durch die Nutzung der Verbindungswege 29 und 30 entscheidend verkürzt oder in mehrere kleine Touren unterteilt werden. Eine weitere Abkürzungsmöglichkeit von ca. 10 km bietet sich zwischen **Wesel** und **Bislich** im Ortsteil **Mars** an. Der Straße *Auf dem Mars* und den Markierungen der Wanderwege (X) folgend, gelangen Sie auf direktem Weg zum **Schloss Diersfordt**.

Pankok-Museum in Hünxe

1,5 km

Sie starten in **Hamminkeln** am **Bahnhof** ❶, folgen den Markierungen der NiederRheinroute nach rechts und überqueren die Bahnschienen. Wenn Sie nach ca. 700 m die Autobahn unterqueren, liegt vor Ihnen das Dorf **Ringenberg**. Die markierte Route führt Sie geradewegs zum Schloss ❷.

1220 ließ hier der Graf von Dingden eine Burg in der sumpfigen Isselniederung errichten. Ab 1329 entwässerten und kultivierten holländische Siedler das Land. Die Rundlingssiedlung **Ringenberg** blieb als einzige Siedlung dieser Art in Nordrhein-Westfalen erhalten. Nach der Zerstörung der Burg im Dreißigjährigen Krieg ließ der Landdrost Alexander Freiherr von Spaen zwischen 1650 und 1661 ein Wasserschloss im niederländischen Barockstil errichten. Das Schloss ist heute ein deutsch-niederländisches Kulturzentrum mit Künstlerateliers.

Sie folgen weiter der NiederRheinroute und passieren nach 350 m am Dorfende die evangelische **Dorfkirche**.

Etwa zeitgleich mit dem Bau des Wasserschlosses wurde diese Kirche als achteckiger Backsteinbau ebenfalls im niederländischen Barockstil erbaut.

Zeichenerklärung
Routenführung
besondere Sehenswürdigkeit, siehe Text
Orientierungspunkt, siehe Text
Hallenbad, Freibad / Bademöglichkeit
Fahrradreparatur, Fahrradvermietung
Jugendherberge, Campingplatz
Ausflugsgaststätte, Museum
Tourist-Information, Spielplatz
Rastplatz, Schutzhütte
Aussichtspunkt, Sehenswürdigkeit
Bahnhof
S-Bahn-, U-Bahn-Haltstelle
Kirche / sehenswert
Schloss / sehenswert
Kirchenruine / sehenswert
Schlossruine / sehenswert
Mühle / sehenswert
Windmühle / sehenswert
Friedhof, Stadion
Fähre für Radfahrer
Maßstab
0 1 2 3 km
Heister-kamp
Lankern
Eckerfelds-hof
Vehns
Issel-bruchhof
Loikum
Halt-mann
Ringen-berg
Busch-hufenhof
Heister-hof
Daß-horst
Schultenhof
AS Hamminkeln
Vöckings-hof
Start & Ziel
Kessel
Hulshorst
12
1
Hamminkeln
Bislicher Wald
Mühlenrott
Dorfer-Gr. Boven-kerk
rott
Thülen-hof
Klein-
NSG
Heide-rott
Bleck-manns-hof
473
Röplings-hof
11
Flürener
Jöckern
Vissel Gossen-hof
Hansen-hof
Schüttwick
Diersfordt
Heide
Pothen-hof
Feldwick
Mühlenfeld
Bislich
Mars
Flürener Feld
Flüren
NSG
Feld-mark
Auesee
WESEL
10
Loh
Marwick
Karthäuser
Grav-Insel
Xanten
Beek
Portang
Willicks-hof
Witlibrordi Dom
8
9
RHEIN
RHEIN
NSG
Stadsweide
Werrich
Perrich
Klein-Eger
Groß-Eger
Ginderich
Bislicher Insel
58
Büde Inse

Schlüter
Busch-kamp
Langkamp
Krommert
Wichering
Heßling
Möllmann
Schulze-Wülfing
Verm...
emann
Ebbert
Dingden
Hegering
Köper
Nordbrock
Ritte
Neuhaus
Weyhmanns-hof
Have-Cortum
Bussmann
Hohe Heide
50
Hufe
lich
Berg
Daniels
Große Langenhoff
Schwersmann
Klein Budde
Oberkemping
Große Heynk
Warnings-hof
Heimanns-hof
Böllmann
Groß-Herbers-kath
Ulland
Hufing
Sonders-hof
Hüskes Kate
Spinnecken
Klein-Herbers-kath
Busch-manns-Kate
Ober-
70
Holsteeg
Becker
Weyers-hof
Fenneken
Marien-thal
33
Gertendorf
Klostermann
bauer
Brünen
V
Westerhof
Hülze-bruck
Dahlmann
29
Steinbeck
Weseler-
Achters-hof
E35
Einecks Hof
schaft
Voshövel
Esler
3
Elmers
Becks
Haus Esselt
m
Schulte-Esselt
Thüne-mann
wald
Eimers-hof
Esselt
43
Kapellenberg
Kelwings-hof
Kolonie
Neuenbauer
Bergerskath
Lühler
Lühlerheim
Way-manns-hof
Schwarze
Heide
Tenberg
Lühlshof
Bohne-kampshof
70
Wellmann
Baumeisterkath
Lack-hausen
26
Schüringshof
Sonder-mannshof
Löhr-hof
Heide
Schneiders-kath
Lühler Dick
Peddenberg
Spyker
AS Wesel
Kloß-hof
58
Hottermanns-hof
V
Obrighoven
3
Drevenack
Wittenberg
Pliester Kufshof
Fustern-berg
Wacken-bruch
Drevenacker Dünen
E35
Krudenburg
Schill-denkmal
Aaper-busch
NSG
Vinkel
Uhlenflucht
NSG
25
Burg Schwarzen-stein
7
Aaperhöfe
NSG
Lippe
Welmen
Heesen-hof
AS Hünxe
Lippedorf
Ufermanns-hof
Wesel-Datteln-Kanal
8
V
m

Auf schmalen Sträßchen radeln Sie weiter durch eine herrliche Felderlandschaft. Alte Höfe liegen am Weg, und auf den Feldern wächst das Gemüse für die Bewohner des nahen Ruhrgebiets. Kurz vor **Dingden** verengt sich der Weg zu einem schmalen Pfad. ›Pättkes‹ nennt man hier diese traditionellen Verbindungswege zwischen Dorf und Feldern.

6,4 km

Sie radeln durch den alten Ortskern von **Dingden ❸**, vorbei an schmucken, kleinen Häusern, die sich im Schatten der Kirche ducken.

Der Turm der **Pfarrkirche St. Pankratius** wurde Ende des 12. Jahrhunderts als Wehrturm in rheinischer Romanik erbaut. Mit einer Mauerstärke von bis zu 1,80 m sollte er der Bevölkerung in Kriegszeiten Zuflucht und Lagerraum bieten.

Hinter **Dingden** verläuft die Route im Bereich **Küningsmühle** für einige hundert Meter an einem Bach entlang und später an Wallhecken vorbei.

12 km

Achtung, wenn hinter einem kleinen Wäldchen und einem darauf folgenden Feld die NiederRheinroute jäh nach rechts auf einen von Bäumen gesäumten Feldweg führt. Wer das etwas versteckt angebrachte **Hinweisschild** übersieht, kann auch auf dem markierten Fernradwanderweg R 21 weiter radeln, um

17,0 km

kurz vor **Brünen ❹** wieder auf die NiederRheinroute zu stoßen. Auf der hier beschriebenen Tour locken jedoch im Spätsommer links und rechts des Feldweges üppig tragende Brombeerhecken.

In **Brünen** lohnt sich ein Besuch in der am Wegesrand liegenden evangelischen Dorfkirche. Eine Skulptur von Otto Pankok schmückt die Turmhalle der Kirche, die auf das 13. Jahrhundert zurückgeht.

Sie folgen weiter der NiederRheinroute, und hinter **Brünen** muss man an einer kleinen Steigung sogar etwas kräftiger in die Pedale treten. Nach der anschließenden Gefällstrecke halten Sie sich entsprechend der Routenmarkierung

19,8 km

rechts und erreichen bald darauf **Haus Esselt ❺** mit dem Otto-Pankok-Museum.

Der niederrheinische Maler, Grafiker und Bildhauer Otto Pankok baute 1959 den ehemaligen Adelssitz **Haus Esselt** zu seinem

Krudenburg, altes Treidelschifferdorf an der Lippe

Wohnsitz um, sein Atelier richtete er im ehemaligen Wirtschaftsgebäude ein.

Die ständige Ausstellung in einer ehemaligen Scheune nahe
dem Wohnhaus und im Atelier vermittelt einen guten Einblick in
das Werk von Otto Pankok, der wie Ernst Barlach und Käthe Koll-
witz die Schwarz-Weiß-Darstellung als Ausdrucksmittel bevorzugte.
Jeweils im Frühjahr und im Herbst wird eine neue Auswahl aus dem
Pankokschen Werk von 6000 Kohlegemälden, 1500 graphischen
Arbeiten und an die 200 Plastiken vorgestellt. Pankok arbeitete
zunächst in der Tradition des Impressionismus und entwickelte
später eine expressionistische Bildsprache. Zeitlebens, anfangs als

Mitglied des Künstlerkreises ›Junges Rheinland‹ und des Kreises um Johanna Ey in Düsseldorf, setzte sich der Künstler für Frieden und verfolgte Minderheiten ein (Öffnungszeiten: Fr bis So und an Feiertagen 10 bis 13 Uhr und 15 bis 19 Uhr).

27,3 km — Aus dem Museum kommend, lenken Sie nach links in den *Otto-Pankok-Weg* und setzen die Fahrt auf der Nieder-Rheinroute fort. Nach 1 km, am Ende des Weges, knickt die Route nach links ab. Sie radeln hier weiter geradeaus und durchqueren auf dem Fernradwanderweg 21 das Forstrevier Steinberge. Durch eine offene Felderlandschaft führt Sie dieser markierte Radweg anschließend weiter nach **Drevenack ❻** und vorbei an der evangelischen **Kirche**.

Sehenswert in dieser typischen Dorfkirche sind die Kanzel aus dem 17. Jahrhundert, der barocke Orgelprospekt und der Taufstein aus Baumberger Sandstein, beide aus dem 18. Jahrhundert.

29,2 km — Am Ende eines kleinen Waldgebietes stößt der Fernradwanderweg 21 an einer **T-Kreuzung** wieder auf die NiederRheinroute.

30,3 km — Für einen Abstecher in das nur 1 km entfernte **Krudenburg ❼** lenken Sie nach links.

Das alte Fischerdorf entstand um den Rittersitz der Krudenburg. Von dem einstigen massiven Bauwerk, das noch bis 1827 bewohnt wurde, steht heute nur noch ein kleiner Turm aus dem Jahre 1664. Bis zur Industrialisierung in der zweiten Hälfte des 19. Jahrhunderts gingen in **Krudenburg** Schiffer und Flößer vor Anker, und hier übernachteten auch die Treidler, Bauern, die mit ihren Pferden die Schiffe über die Lippe zogen. Seit den Dreißiger Jahren nutzt die Schifffahrt den parallel zum Fluss verlaufenden Wesel-Datteln-Kanal als Wasserstraße. Der alte Lippehafen wurde mittlerweile in ein Feuchtbiotop umgewandelt.

42,4 km — Sie radeln auf der NiederRheinroute zurück und folgen ihr teils durch Waldgebiete weiter bis an den Ortsrand von **Wesel**. Sie passieren den **Lippehafen**, und wenn Sie nach ca. 1 km rechts an einem **stadionähnlichen Gebäude** vorbeifahren, lenken Sie anschließend nach links und gelangen zum **Schill-Denkmal ❽**.

Das 1835 nach Plänen von Schinkel aus französischen Kanonen gegossene Monument erinnert an elf Offiziere des Schill'schen Regiments, die 1809 in **Wesel** durch die französische Besatzung standrechtlich erschossen und auf der Lippewiese begraben wurden. Der preußische Offizier Ferdinand von Schill (1776-1809) hatte sich mit seinem Regiment gegen Napoleon erhoben. Er selbst fiel im Straßenkampf in Stralsund.

Berliner Tor   43,9 km

Sie radeln anschließend zurück zur Straße und setzen Ihre Fahrt auf der NiederRheinroute bis zum **Berliner Tor** ❾ fort.

Das **Berliner Tor** wurde in den Jahren 1718-22 von Jean de Bodt als Hauptzugang durch den Festungsgürtel zur Stadt **Wesel** erbaut. Nach Kriegsschäden blieb der einstmals reiche Figurenschmuck nur auf der der Stadt abgewandten Seite weitgehend erhalten.

Am **Berliner Tor** verlassen Sie vorübergehend die NiederRheinroute und radeln in Fahrtrichtung weiter auf dem nur wenige hundert Meter langen Verbindungsweg 28, an dessen Ende Sie erneut auf die NiederRheinroute stoßen, der Sie jetzt nach rechts folgen. Sie gelangen bald darauf in das Hafengebiet von **Wesel**, passieren die Reste der im Zweiten Weltkrieg zerstörten alten Rheinbrücke und radeln schließlich auf einer landschaftlich schönen Etappe entlang des Rheins.   45,7 km

Hier lädt der Schaufelraddampfer ›River Lady‹ zu einer Schiffstour auf dem Rhein ein, und auf dem nahen Segelflugplatz können Sie die Starts und Landungen der Sportpiloten beobachten. Links rückt ein Yachthafen ins Bild, und später verläuft die Route weiter auf dem Rheindeich mit schönen Aussichten auf das Freizeitgebiet

Auesee. Bald danach sehen Sie auf der linken Rheinseite die Türme des Xantener Doms.

Sie passieren den Campingplatz auf der **Grav-Insel** und genießen Ausblicke auf die malerische Niederrheinlandschaft.

(Wenn Sie die Tour etwas abkürzen möchten, lenken Sie nach rechts in die Straße *Auf dem Mars*, folgen den Markierungen des Wanderwegs (X) und gelangen auf direktem Weg zum **Schloss Diersfordt**.)

Im Rahmen dieser Tour radeln Sie weiter geradeaus. Kurz vor **Bislich** besteht eine Fährverbindung für einen Abstecher nach **Xanten** (s. Tour 2). Hinter der Kirche von **Bislich** ❿ verlässt die NiederRheinroute das Flussufer und führt Sie wieder landeinwärts.

55,8 km

Durch eine Felderlandschaft mit verstreut liegenden Siedlungen steuern Sie auf das in einem Park gelegene **Wasserschloss Diersfordt** ⓫ zu.

61,5 km

Die Schlossanlage ist im Laufe der Jahrhunderte mehrfach um- bzw. neu erbaut worden. Zuletzt wurde das Haus nach den Zerstörungen des Zweiten Weltkriegs 1966 wieder errichtet. Von der ursprünglich zweiteiligen Anlage sind ein Stallgebäude und Reste des Wehrgangs erhalten geblieben. Die Rokokokapelle im Schlosshof stammt aus den Jahren 1775-78 und birgt eine sehenswerte Kanzel.

Sie folgen anschließend weiter der NiederRheinroute, die für gut 1 km auf dem Radweg entlang der B 8 in Richtung **Wesel** verläuft, bevor sie nach links in einen Waldweg biegt.

Im Ortskern von **Hamminkeln** ⓬ lohnt ein Besuch der evangelischen Dorfkirche in der *Marktstraße*, in der das 4 x 6 m große Christopherus-Fresko aus der Zeit um 1450 sehenswert ist

An der 1848 erbauten **Windmühle Weßling** vorbei erreichen Sie auf der NiederRheinroute Ihren Ausgangspunkt, den **Bahnhof Hamminkeln** ❶.

70,6 km

Schloss Gartrop

Das Ziel der Pilger

Geldern – Kevelaer – Geldern

Diese Rundtour, die in Geldern startet, verbindet klassische Ziele am Niederrhein miteinander. Sie führt vom sehenswerten historischen Stadtkern, der einst einer ganzen Region, dem niederländischen Gelderland, den Namen gab, zu Deutschlands bedeutendstem Marienwallfahrtsort Kevelaer und durchquert dabei eins der bekanntesten Spargelanbaugebiete, in das im Frühjahr Zehntausende Feinschmecker pilgern.

Start und Ziel:	*Pfarrkirche St. Maria-Magdalena in Geldern.*
Streckenlänge:	*ca. 48 km*
Wegbeschaffenheit:	*Überwiegend asphaltierte Wirtschaftswege und ruhige Nebenstraßen. Wenige sandige Passagen zwischen Walbeck und Schloss Walbeck*
Sehenswürdigkeiten:	***Geldern:*** *Pfarrkirche St. Maria-Magdalena, Heilig-Geist-Kirche, Mühlenturm, Spargeldorf Walbeck, Steprather Mühle, Pfarrkirche St. Nikolaus in Walbeck, Schloss Walbeck, Haus Steprath, Schloss Haag;* ***Kevelaer:*** *Gnadenkapelle, Niederrheinisches Museum für Volkskunde und Kulturgeschichte e.V.*
Information:	***Stadt Geldern**, Issumer Tor 36, 47608 Geldern, Tel. 02831 - 3980, Fax 02831 - 398130, e-Mail: info@geldern.de;* ***Verkehrsbüro Kevelaer**, Peter-Plümpe-Platz 12, 47623 Kevelaer, Tel. 02832/122-151, Fax: 02832/43 87, e-Mail: info@wfg-kevelaer.de e-Mail: info@stadt-kevelaer.de*

Steprather Mühle

Die Tour auf einen Blick

Nr.	km	Beschreibung

Wenn Sie mit dem Zug anreisen, radeln Sie durch die *Bahnhofstraße* bis zum *Markt*.

❶ 0,25 Von der **Pfarrkirche St. Maria-Magdalena** auf der Nieder-Rheinroute den *Markt* entlang zur **Heilig-Geist-Kirche**. Vor der **Heilig-Geist-Kirche** nach rechts in die *Südgasse* und auf der NiederRheinroute weiter durch einen Park, über die *Burgstraße* und die Straße *Am Goltenhof* bis zum

2,6 **Haus Golten**.

❷ 9 Weiter auf der NiederRheinroute nach **Walbeck** zur **Steprather Mühle**. Über den *Schmalkuhler Weg* und die *Kevelaerer Straße* in die *Hochstraße* und die *Luciastraße*, vorbei an der **Pfarrkirche St. Nikolaus**. Am Ende des Walbecker Marktes nach links in die *Maas-Straße*.

❸ 10,3 Weiter auf dem *Bergsteg* über die Ringstraße bis zu einem **Gedenkstein**. An der dreieckigen Parkanlage rechts halten und auf dem Verbindungsweg 44 an einer Freizeitanlage mit Freibad und Sportplatz vorbei in die mit Kiefern bestandene Heidelandschaft. Wo sandige Passagen beginnen, nach rechts in den nichtasphaltierten Waldweg ›In den Honnen‹.

❹ 12,9 Auf dem Verbindungsweg weiter bis **Schloss Walbeck**. Dann vorbei an **Haus Steprath**, durch das Dorf **Klein Kevelaer** und

❺ 22,7 in **Twisteden** bis zur **Windmühle**.

❻ 26,0 Der Verbindungsweg 44 führt in weitem Bogen nach **Wemb** und stößt nördlich von **Kevelaer** auf die NiederR-heinroute.

❼ 32,3 Dort nach rechts bis zum **Kapellenplatz** im Stadtzentrum. Weiter auf der NiederRheinroute über die *Busmannstraße*, die *Marktstraße* und die *Gelderner Straße* in die *Alte Heerstraße*

❽ 38,2 nach **Wetten**. Weiter auf der NiederRheinroute

❾ 45,3 über die **Niers** hinweg und vorbei an **Schloss Haag**

❶ 47,7 nach **Geldern** zur **Pfarrkirche St. Maria-Magdalena**.

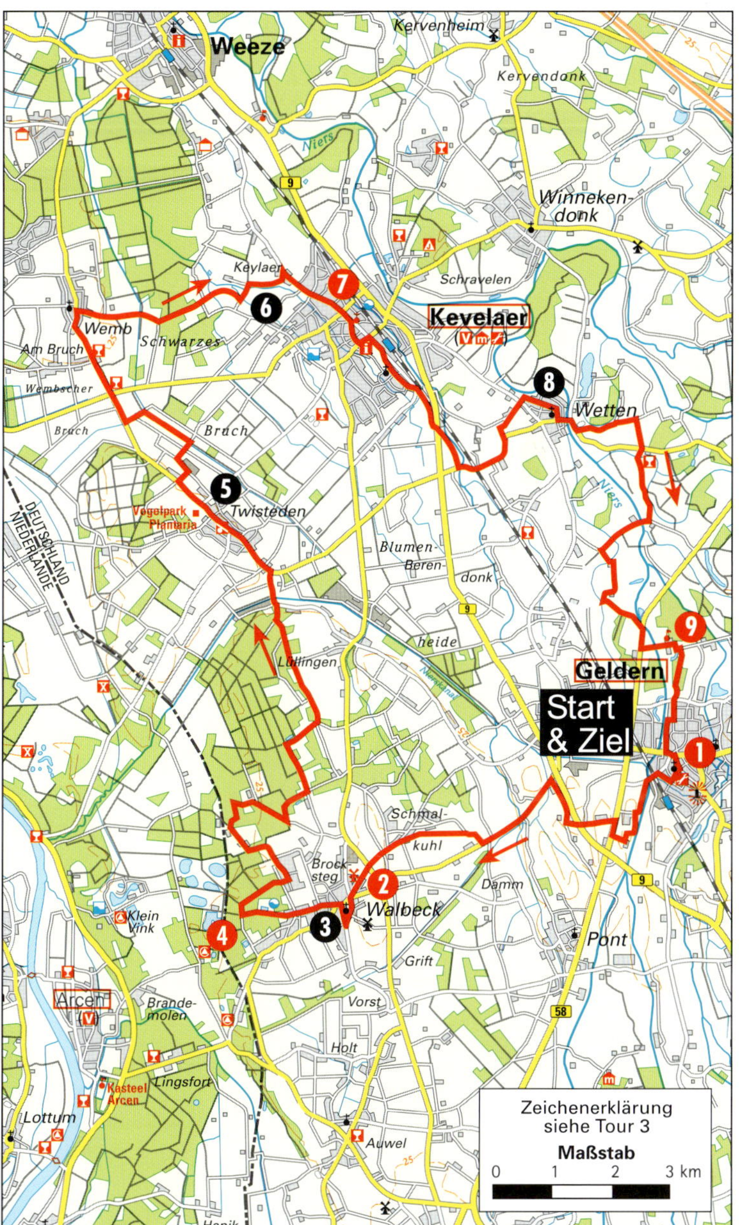

Weeze
Kervenheim
Kervendonk
Winneken-donk
Niers
Keylaer
Kevelaer
Schravelen
Wemb
Am Bruch
Schwarzes
Wembscher
Wetten
Bruch
Bruch
Vogelpark Plantaria
Twisteden
Blumen-Beren-donk
DEUTSCHLAND
NIEDERLANDE
Niers
heide
Lüllingen
Geldern
Start & Ziel
Niers-Kanal
Schmal-kuhl
Damm
Brock-steg
Walbeck
Pont
Klein Vink
Grift
Vorst
Arcen
(V)
Brande-molen
Holt
Lingsfort
Kasteel Arcen
Lottum
Auwel
Hanik
Zeichenerklärung
siehe Tour 3
Maßstab
0   1   2   3 km

Kein anderer Ort am Niederrhein kann auf eine derart wechselhafte Geschichte zurückblicken wie **Geldern**. 812 erstmals urkundlich erwähnt, erhielt **Geldern** 1229 die Stadtrechte. 1339 zum Herzogtum erhoben, gehörte zu ihr die heutige niederländische Provinz Gelderland. **Geldern** war abwechselnd im Besitz von Burgund, Österreich, den Niederlanden, Spanien, Frankreich und Preußen. Erst auf dem Wiener Kongress 1815 wurde die Grenze zu den Niederlanden festgelegt.

Die in der ersten Hälfte des 14. Jahrhunderts erbaute **Pfarrkirche St. Maria-Magdalena** wurde mehrmals zerstört, erweitert und umgebaut. Nach ihrer Zerstörung Ende des Zweiten Weltkriegs wurde sie einfacher und ohne Gewölbe wieder aufgebaut. Von der alten Ausstattung sind unter anderem in der Turmhalle ein ehemaliger Schlussstein mit der Darstellung des Gna-

Geldern, Marktplatz mit Drachenbrunnen

denstuhls aus der Zeit um 1400, die Apostelgemälde von 1632 und eine Kreuzabnahme aus dem 16. Jahrhundert erhalten.

Die **Heilig-Geist-Kirche** wurde in den Jahren 1736 bis 1740 auf den Grundmauern einer Spitalskirche im Stil des preußischen Barock erbaut. Es handelt sich um einen quadratischen Backsteinbau mit Holzempore und einem imposanten Glockenspiel.

Für die Aussicht auf **Geldern** lohnt ein Abstecher zum 300 m in Fahrtrichtung gelegenen **Mühlenturm**, der ein Teil der ehemaligen Stadtbefestigung ist. Er wurde im 17. Jahrhundert von den Spaniern, die damals **Geldern** regierten, mit einem kegelförmigen Aufsatz versehen und als Mühle eingerichtet, die bis zur Mitte des 19. Jahrhunderts Getreide mahlte.

Vor über 60 Jahren begann man in **Walbeck** mit der Produktion der köstlichen weißen Stangen, und schon bald entstand hier die erste Spargelbau-Genossenschaft Deutschlands. Die Erfahrung der Spargelbauern und der lockere, sandige Heideboden garantieren bis heute die vorzügliche Qualität des Walbecker Spargels.

Schließlich gilt bei Spargelbauern die Regel: Je leichter der Boden, desto schneller kann der Spargel wachsen, und je schneller der Spargel wächst, desto zarter ist er. In den Monaten Mai und Juni laden in **Walbeck** zahlreiche Spargelrestaurants zum Besuch ein. Spargelbauern verkaufen direkt ab Hof auch an Privatleute.

Sie überqueren die *Kevelaerer Straße* und radeln auf dem *Schmalkuhler Weg* nach **Walbeck** hinein und direkt auf die **Steprather Mühle 2** zu.

9 km   Die um 1500 erbaute Windmühle steht auf dem höchsten Punkt **Walbecks**, 40 m über dem Meeresspiegel. Für den Mühlenbau wurde ein verputzter ziegelgemauerter ehemaliger Wehrturm um ein konisch geformtes Geschoss erhöht. Erste Schriftquellen erwähnen die Windmühle im Jahre 1510. Hoch oben lesen Sie die Aufschrift: ›In Wind und Wetter ist Gott Dein Retter‹.

Der *Schmalkuhler Weg* mündet in **Walbeck** auf die *Kevelaerer Straße*, in die Sie nach links einbiegen. Sie überqueren die *Walbecker Straße* und radeln in die *Hochstraße*. Nach 600 m erreichen Sie auf der *Luciastraße* die **Pfarrkirche St. Nikolaus**.

Der spätgotische Bau stammt aus dem 15. Jahrhundert. Sehenswert sind die modernen Glasfenster der Kirche. Die anschließende Lucia-Kapelle birgt eine gotische Wandmalerei, eine Christopherus-Holzskulptur aus der Zeit um 1500 sowie einen barocken Taufstein.

Am Ende des *Walbecker Marktes* lenken Sie nach links in die *Maas-Straße*. 200 m weiter weist eine grün-weiß gestrichene Pumpe auf die Tradition der niederrheinischen Pumpennachbarschaften hin.

Sie überqueren auf dem *Bergsteg* die Ringstraße und radeln auf eine kleine dreieckige Parkanlage mit einem **Gedenkstein ❸** zu.

Der **Gedenkstein** mit einem Bronzeporträt erinnert an Major Dr. Klein-Walbeck, den Begründer des Walbecker Spargelanbaus. Nachdem er im Ersten Weltkrieg die belgischen Spargelfelder gesehen hatte, unternahm Dr. Klein-Walbeck 1923 selbst die ersten Versuche mit Spargelpflanzen und gründete 1929 die ›Spargelbau-Genossenschaft für Walbeck und Umgebung‹.

10,3 km

Während die NiederRheinroute auf der links der Anlage verlaufenden Straße nach Süden führt, steuern Sie rechts an der Anlage vorbei und folgen den Markierungen des Verbindungsweges 44 vorbei an einer **Freizeitanlage** mit Freibad, Sportplatz und Restaurant.

Die Route verläuft bald auf einem ungeteerten Waldweg durch eine mit Kiefern bestandene Heidelandschaft. Wo der Weg sandige Passagen hat, lenken Sie nach rechts in den Waldweg *In den Honnen*. Der geradeaus führende Weg passiert nach wenigen hundert Metern die grüne Grenze zu den Niederlanden.

Auf dem Verbindungsweg 44 erreichen Sie nach 1,5 km **Schloss Walbeck 4**.

12,9 km

Auf fast quadratischem Grundriss erhebt sich um einen kleinen Innenhof das viertürmige Haupthaus mit einer Seitenlänge von ca. 30 m. Es ist der älteste erhaltene Teil der 1346 erstmalig erwähnten Burg. Nach dem Friedensschluss von Utrecht 1713, als das Herzogtum Geldern aufgeteilt wurde, verlor die Befestigung ihre Bedeutung, und die Burg wurde zum Wasserschloss umgebaut.

Der Verbindungsweg 44 führt weiter durch die Walbecker Landschaft mit Spargelfeldern, Erikaanbau und Gewächshäusern. Nur 1,2 km entfernt liegt etwas versteckt links im Wald **Haus Steprath**.

14,7 km

Den ältesten Teil des breit hingelagerten Gebäudekomplexes bildet der viereckige Wach- und Wehrturm an der Nordwestseite aus dem 15. Jahrhundert. Das Herrenhaus lehnt sich südwestlich als zwei- und dreigeschossige Hufeisenanlage daran an. Während die Vorburg weiterhin landwirtschaftlich genutzt wird, können die Säle mit ihren wertvollen Stuckdecken aus dem Jahre 1625 und weitere Räume im Obergeschoss des Haupthauses als Begegnungs- und Tagungsstätte gemietet werden.

Haus te Gesselen in Kevelaer

Der Verbindungsweg biegt später vor den ersten Häusern des Ortsteils **Böckelken** nach links ab. Auf ein längeres Waldstück folgt erneut eine von Gärtnereien, Spargel- und Erikaanbau geprägte Landschaft.

Im weiteren Verlauf führt die Route durch den Ortsteil **Klein Kevelaer** in das reizvolle **Dorf Twisteden**, wo gegenüber der Kirche ein Café und Restaurant mit Gartenwirtschaft zur Rast einlädt und am Ortsausgang eine stolze **Windmühle ❺** grüßt.

Der Verbindungsweg 44 verläuft danach etwas umständlich, aber landschaftlich schön, in weitem Bogen durch die Felderlandschaft, vorbei an alten Bauernhöfen und modernen Schweinemastbetrieben nach **Wemb**.

Nördlich von **Kevelaer** stößt der Verbindungsweg 44 schließlich wieder auf die NiederRheinroute, in die Sie nach rechts einbiegen. Nach knapp 2 km erreichen Sie im Stadtzentrum von **Kevelaer ❻** den **Kapellenplatz ❼** mit der **Marienbasilika** und der **Gnadenkapelle**.

Jährlich besuchen rund 800 000 Pilger aus ganz Europa den Marienwallfahrtsort **Kevelaer**. Die Ursprünge der Wallfahrt reichen bis in die Zeit des Dreißigjährigen Krieges und der Gegenreformation zurück. Der Legende nach will der Kaufmann Hendrik Busmann damals an einem Hagelkreuz eine Stimme gehört haben, die zweimal zu ihm sagte: »An dieser Stelle sollst Du mir ein Kapellchen bauen«. 1642 errichtete er dort ein Heiligenhäuschen für das Bild ›Unserer Lieben Frau von Luxemburg‹. Heute wird dieses Bild, ein kleiner vergilbter Kupferstich, in der Gnadenkapelle aufbewahrt.

Die sechseckige Kapelle wurde 1654 als Kuppelbau mit einem Schmuckgitter errichtet. Gegenüber der **Gnadenkapelle** wurde bereits zwischen 1643 und 1645 die Kerzenkapelle im gotisierenden Stil als erste Wallfahrtskirche erbaut. Ihr Name geht auf die in **Kevelaer** seit dem 17. Jahrhundert bis heute gebräuchlichen Wallfahrtskerzen zurück. Der Tabernakel des Hochaltars, eine Antwerpener Arbeit, stammt aus dem Jahr 1682. Aufgrund des starken Pilgerandrangs wurde in der zweiten Hälfte des vergangenen Jahrhunderts mit der **Marienbasilika** eine weitere Wallfahrtskirche errichtet.

250 m weiter erinnert ein **Bronzedenkmal** an Hendrik Busmann, den Begründer der Kevelaerer Wallfahrtstradition.

Einen Abstecher lohnt das Niederrheinische Museum für Volkskunde und Kulturgeschichte e.V. in der *Hauptstraße* 18. Ausstellungen zeigen regionstypische Arbeitsgeräte aus Handwerk und Landwirtschaft, Inneneinrichtungen und Mobiliar, Keramik und Kupferstiche, eine Spielzeugsammlung mit rund 50 000 Objekten sowie Dokumente der Wallfahrtstradition (tgl. außer Mo 10 bis 17 Uhr geöffnet).

Die NiederRheinroute führt über die *Busmannstraße*, die *Marktstraße* und die *Gelderner Straße* in die *Alte Heerstraße*. Durch ein Wohnviertel mit Einfamilienhäusern und Bungalows gelangen Sie in die offene Felderlandschaft.
Die Route führt Sie im Ortsteil **Wetten** ❽ direkt zur **Turmwindmühle**.

Der Kirchplatz von **Wetten** beeindruckt durch seinen dörflichen 38,2 km Charakter. Gastwirtschaften und ein Imbiss ducken sich im Schatten der alles überragenden Kirche.

300 m weiter überqueren Sie, der NiederRheinroute folgend, die **Niers**, verlassen bald darauf die befahrene Straße und radeln überwiegend auf asphaltierten Wirtschaftswegen.
Die NiederRheinroute verläuft über 500 m auf einem Radweg 44,4 km neben der Landstraße 480, bevor sie auf einem asphaltierten Wirtschaftsweg zum **Schloss Haag** ❾ führt. 45,3 km

Das von Wassergräben umgebene **Schloss Haag** ist eins der bedeutendsten historischen Bauwerke am unteren Niederrhein. Es wurde 1331 erstmals urkundlich erwähnt. Friedrich der Große, Napoleon I., Zar Nikolaus I. von Russland und Kaiser Wilhelm I. waren prominente Gäste. Das Hauptgebäude wurde im Zweiten Weltkrieg zerstört, die ältere, historisch bedeutendere Vorburg blieb jedoch erhalten. Die Schlossanlage mit Vorburgen und Innenhöfen ist von außen zu besichtigen. Neben dem Schloss wurde ein Golfplatz eingerichtet.

Sie radeln auf der NiederRheinroute weiter, passieren den großen **Krankenhauskomplex** und erreichen das Stadtgebiet von **Geldern**. Über ruhige Wohnstraßen gelangen Sie 47,7 km ins Zentrum, wo Sie am *Markt* zu Ihrem Ausgangspunkt zurückfinden.

Sanssoucis Vorbild und der spanische Kanal

Rheinberg – Kamp-Lintfort – Alpen – Ossenberg – Rheinberg

Kühne Bauwerke haben am Niederrhein Tradition. Die Spanier planten einst mit einem großartigen Kanalprojekt, die aufständischen Niederlande vom Rheinhandel abzuschneiden. Die Route verläuft zum Teil entlang dieses Kanals von der ehemaligen Festungsstadt Rheinberg zum Kloster Kamp, dessen großartiger Terrassengarten den preußischen König Friedrich II. bei der Gestaltung von Schloss Sanssouci inspirierte. Ein Denkmal könnte auch die ehemalige Bergwerkssiedlung sein, die ebenso an der Route liegt wie eine heute noch aktive Zeche.

Start und Ziel:	*Großer Markt in Rheinberg*
Streckenlänge:	*ca. 32 km*
Streckenprofil:	*Leichte Steigungen am Kamper Berg und zwischen Kloster Kamp und Alpen*
Wegbeschaffenheit:	*Überwiegend asphaltierte Wirtschaftswege und ruhige Nebenstraßen*
Sehenswürdigkeiten:	***Rheinberg:*** *Bürgerhäuser des 16. und 17. Jahrhunderts und Rathaus am Großen Markt, Kanalprojekt ›Fossa Eugeniana‹, Schloss Ossenberg;* ***Kamp-Lintfort:*** *Bergarbeitersiedlung ›Alt-Siedlung‹, Kloster Kamp;* ***Alpen:*** *evangelische Pfarrkirche, Burghügel*
Information:	***Stadt Rheinberg,*** *Stadtmarketing-Agentur, Kirchplatz 10, 47495 Rheinberg, Tel. 02843/171-114, Fax: 02843/175-4081, e-Mail: stadtverwaltung@rheinberg.de;* ***Stadt Kamp-Lintfort,*** *Am Rathaus 2, 47475 Kamp-Lintfort, Tel. 02842/912-444, Fax 02842 - 912367, e-Mail: stadtinformation@kamp-lintfort.de* ***Gemeinde Alpen,*** *Rathausstr. 3-5, 46519 Alpen, Tel. 02802 - 9120, Fax 02802 - 912912, e-Mail: info@alpen.de*

Kloster Kamp

Die Tour auf einen Blick

Nr.	km	Beschreibung

Nr. km   Beschreibung

Bei Anreise mit dem Zug: aus dem **Bahnhof Rheinberg** kommend auf der *Bahnhofstraße* nach rechts stadtauswärts

1   Vom **Großen Markt** in **Rheinberg** nach rechts auf den *Holzmarkt* und durch die *Geldernstraße*. Auf der NiederRheinroute über die *Bahnhofstraße* stadtauswärts.

2,5

2 4,1   Hinter der B 510 über den Wasserlauf der **Fossa Eugeniana**

3 5,0   und zur **Zeche Rossenray**.

4   Weiter auf der NiederRheinroute nach **Kamp-Lintfort**. Nach Überqueren der *Moerser Straße* in die **Bergarbeitersiedlung ›Alt-Siedlung‹**.

7,8

5 11,9   Weiter auf der NiederRheinroute zum **Kloster Kamp**. Steigungsstrecke am Kamper Berg.
Hinter der Straße nach **Kamp** dem R 15 folgen bis zur NiederRheinroute.

6 15,7   Auf der NiederRheinroute nach rechts durch das Waldgebiet ›Die Leucht‹ nach **Alpen**.

20,4   Durch den Ort bis zum **Burghügel** nahe dem Schulzentrum.

7 21,0   Weiter auf der NiederRheinroute nach **Rheinberg-Ossenberg**.
Von dort auf dem Verbindungsweg 26 nach **Rheinberg**

1 31,2   zum **Großen Markt**.

Sie starten in **Rheinberg** am **Großen Markt** **1**. Wenn Sie mit dem Zug anreisen, radeln Sie aus dem **Bahnhof Rheinberg** kommend auf der *Bahnhofstraße* nach rechts stadtauswärts.

Am **Großen Markt** sowie am Holz- und Fischmarkt stehen noch einige schöne alte Bürgerhäuser des 16. und 17. Jahrhunderts. Das Rathaus, ein massiver, dreigeschossiger Backsteinbau mit typisch niederrheinischem Erscheinungsbild, wurde im Jahre 1449 erbaut. Gegenüber dem **Rathaus** erinnert die alte Pumpe am Fischmarkt wie in anderen niederrheinischen Städten auch an die Tradition der Pumpennachbarschaften.

heide
Rill
Bönning
Haus
Loo
Grünthal
58
Drüpt
Borth
Kühnen
Haxkeshof
Alpen
Hillmanns-hof
7
NSG
6
Huck
Ossenberg
Grint
Rothes
NSG
Alter Rhein
Millingen
57
Rheinberg
Tappe-kath
Haus
Heideck
Anna-berg
Rühlshof
1
Start
& Ziel
Geilings-hof
Alpsray
Prinzen-hof
Schmitz
hof
Herken
hof
Hamannshof
AS Rhein-berg
Saalhoff
510
Bongartshof
Baaken
57
Keusch-hof
Halfmanns-hof
Eugeniatal
2
Strommörs
Altfeld
Niersenbruch
3
E31
Fossa
Kamp-
Lintfort
Rossenray
AS Asdonkshof
Asdonk
Kohlen-huck
Witt-hof
Lisken
Pliss
hof
Kamper
Berg
510
m
Dachs-berg
5
Niepschen-hof
Muschpas
Kloster
Kamp
4
Lintfort
AS Kamp-Lintfort
Geisbruch
AK Kamp-Lintfort
Zeichenerklärung
siehe Tour 3
Maßstab
0   1   2   3 km

Pumpenschmuck in Rheinberg

2,5 km

4,1 km

Vom **Rathaus** lenken Sie nach rechts auf den Holzmarkt, durchqueren die *Geldernstraße* (Fußgängerzone, absteigen!) und radeln, den Markierungen der Nieder-Rhein-route folgend, auf der *Bahnhofstraße* stadtauswärts.

Sie unterqueren die **A 57** und radeln durch eine von Kornfeldern geprägte Landschaft. Unmittelbar, nachdem Sie die von Rheinberg nach Kamp-Lintfort führende B 510 überquert haben, radeln Sie auf einer Brücke über einen mit Schilf bestandenen Wasserlauf, die Reste der **Fossa Eugeniana** ❷.

Vor über 350 Jahren sollte hier das kühne Kanalprojekt der **Fossa Eugeniana** umgesetzt werden, um Rhein und Maas miteinander zu verbinden. Die Spanier, die zu Beginn des 17. Jahrhunderts den Niederrhein besetzt hielten, planten mit dem nach der Statthalterin der spanischen Niederlande, Isabella Clara Eugenia, benannten Kanal, die abgefallenen niederländischen Provinzen vom Rhein- und Maashandel abzuschneiden. Gleichzeitig beabsichtigten sie, den Kanal auch als Befestigungsanlage gegen die Niederländer auszubauen und errichteten ein Sperrsystem von 24 wasserumwehrten Schanzen. 1626 wurde gleichzeitig bei **Rheinberg** und **Geldern** mit dem Bau begonnen, doch bereits zwei Jahre später kamen die Arbeiten wegen fehlender Finanzen mehr oder weniger zum Erliegen, obwohl das Kanalbett bereits in voller Länge ausgehoben war. Als die Spanier 1633 **Rheinberg** verloren, war das Projekt endgültig gescheitert. Noch heute durchzieht die Fossa Eugeniana von **Rheinberg** im Osten bis zur niederländischen Grenze im Westen als stellenweise mit Wasser gefülltes weitläufiges Grabensystem die niederrheinische Landschaft.

Bald darauf nähern Sie sich dem Förderturm der in grüner Umgebung gelegenen **Zeche Rossenray** ❸. Die Route führt über die Parkplätze des Bergwerksgeländes, wo sie bei Schichtwechsel den Bergleuten begegnen, die unter Tage die Kohle abbauen.

5,0 km

Am Stadtrand von **Kamp-Lintfort** heißt es aufpassen: die NiederRheinroute verläuft hier etwas zickzackförmig, bevor Sie bei nach Überqueren der *Moerser Straße* in eine liebevoll restaurierte **Bergarbeitersiedlung** ❹ gelangen.

7,8 km

Die so genannte Alt-Siedlung entstand 1912 mit dem Bergwerk Friedrich-Heinrich und wurde in jüngster Zeit mit erheblichen Landes- und Bundesmitteln beispielhaft und Substanz erhaltend modernisiert. Die größte geschlossene Bergarbeitersiedlung des Ruhrgebietes ist heute ein architektonisches Schmuckstück der Stadt **Kamp-Lintfort**.

Die NiederRheinroute führt Sie im weiteren Verlauf durch das Zentrum von **Kamp-Lintfort** und durch ruhige Wohngebiete zum historischen Klosterbezirk **Kloster Kamp** ❺. Hier müssen die Flachland gewohnten Radler für eine kurze Strecke stärker in die Pedale treten, um den Kamper Berg zu erklimmen.

11,9 km

Zwölf Mönche aus dem französischen Morimond errichteten im Jahre 1123 – nur 25 Jahre nach der Ordensgründung – auf dem Kamper Berg die erste Niederlassung der Zisterzienser auf deutschem Boden. Als landwirtschaftliche Pioniere verwandelten die Mönche am Niederrhein schon bald unwirtliches Gelände in blühende Gärten, betrieben Viehhaltung, Bienenzucht und Obstbaumkultur. Sie führten unter anderem den eisernen Pflug, die Dreifelderwirtschaft, die Windmühle und die Konservierung des Weißkohls als Sauerkraut ein. Lediglich mit dem Wein hatten die Mönche weniger Glück. Der Weinberg, der schließlich von der berühmten Terrassenanlage abgelöst wurde, brachte einen so sauren Tropfen hervor, dass die Mönche den Wein bedenkenlos zum Löschen eines Brandes einsetzten, als einmal das Wasser ausging.

Kloster Kamp wurde zum Ausgangspunkt für über 80 weitere Klostergründungen in Mittel- und Ostdeutschland, im Baltikum, in Polen, Böhmen und Ungarn. Die restaurierten Terrassenanlagen des Klosters ähneln auffallig denen von Schloss Sanssouci in Potsdam. Wahrscheinlich dienten sie sogar als Vorbild für die Residenz der Preußenkönige, denn mit dem Bau der Gartenanlagen wurde in **Kamp** um 1740 begonnen, und vom 29. August bis 14. September 1740 bereiste Friedrich der Große den Niederrhein. Ob er damals **Kloster Kamp** besuchte, lässt sich zwar nicht eindeutig belegen, aber die Wahrscheinlichkeit spricht dafür, dass der an Gartenarchitektur sehr interessierte König sich das Bauprojekt nicht entgehen ließ und Anregungen mit nach Hause nahm.

Der Chor der sehenswerten Klosterkirche stammt aus dem Jahr 1410, das Schiff von 1683. Von den einstigen Schätzen der Abtei sind nur noch wenige Zeugnisse erhalten. Zu den Kleinoden der Schatzkammer des Ordensmuseums gehört das Kamper Antependium, ein kunstvoll besticktes Textil aus dem 14. Jahrhundert, das einst den Altar schmückte. Darüber hinaus vermittelt das Ordensmuseum einen Einblick in die Entwicklung des Zisterzienserordens von den frühesten Anfängen bis zur Gegenwart. Nach Schließung und Verfall im 19. Jahrhundert wird das Kloster heute von Karmelitern weitergeführt.

15,7 km

Sie radeln auf der NiederRheinroute weiter Richtung Norden, überqueren die Straße nach **Kamp** und folgen in Fahrtrichtung dem R 15 in ein Waldstück hinein. Nach ca. 4 km erreichen Sie die NiederRheinroute, auf der Sie nach halb rechts weiter durch das Waldgebiet ›Die Leucht‹ mit seinen lichten Wäldern und wenigen Steigungs- und Gefällstrecken nach **Alpen** ❻ radeln. Kurz vor dem Ortsanfang lädt die Gaststätte ›Zum Dahlacker‹ zu einer Rast ein.

20,4 km

Sie radeln auf der NiederRheinroute durch den Ort. Lohnenswert ist ein Stopp an der evangelischen **Pfarrkirche**.

Die barocke Saalkirche wurde zwischen 1716 und 1718 nach einem großen Stadtbrand von dem italienischen Baumeister Bartolomeo Salla errichtet. Die plastische Westfassade und der risalitartig vorgezogene Glockenturm mit geschweifter Haube und offener Laterne geben dem einfachen Putzbau ein elegantes Aussehen. Im Chor des Vorgängerbaus befindet sich das Marmor-Grabmal der in **Alpen** gestorbenen Kurfürstin Amalie von der Pfalz.

St. Peter Kirche in Rheinberg

Underberg Palais in Rheinberg

Bevor Sie kurz vor dem Ortsausgang von **Alpen** ein **Schulzentrum** passieren, ragt linker Hand ein kleiner bewaldeter Hügel aus der ansonsten flachen Landschaft.

21 km

Dieser künstlich aufgeschüttete Burghügel ist der Rest einer Motte aus dem Mittelalter. Der Burghügel im Osten der gesamten Anlage bildet die Hauptburg und trug früher einen Wohnturm aus Stein. Nach Nordwesten erstreckt sich die ehemalige Vorburg, von der noch geringe Reste wie Befestigungswall und Graben im Gelände erkennbar sind. Die Burg war Sitz der um 1200 urkundlich erwähnten Herren von Alpen. Zur Besichtigung des Geländes führt ein schmaler Weg den Hügel hinauf.

Sie radeln weiter auf der NiederRheinroute, die während der nächsten 6,5 km im Wesentlichen auf asphaltierten Wirtschaftswegen verläuft.

Am Ortsanfang des Rheinberger Stadtteils **Ossenberg** **7**   27,5 km
lenken Sie nach rechts auf den Verbindungsweg 26 und passieren nach rund 600 m **Schloss Ossenberg**.

1721 ersetzte ein Neubau der Grafen Truchseß von Waldenburg die mittelalterliche Burg. Die Vierflügelanlage besteht aus einem zweigeschossigen Herrenhaus mit Mittelrisalit und Wirtschaftstrakten und wird von Ecktürmen eingefasst. Den Torturm am Eingang krönt eine Laterne. Das Herrenhaus befindet sich in Privatbesitz, eine Besichtigung ist nicht möglich.

Anschließend radeln Sie weiter auf dem Verbindungsweg 26 auf **Rheinberg** zu. Die beschilderte Route führt am Betriebsgelände der **Solvay-Werke** vorbei zur B 57 und weiter über die *Rheinstraße* zum **Großen Markt** **1**, Ihrem Ausgangspunkt (Beschreibung s. Anfang der Route).

31,2 km

Die Wacht am Rhein

Wesel – Rheinberg – Wesel

Die klassische Rheintour mit schönen Flusspanoramen verbindet die Festungsstadt Wesel mit der Römerstadt Xanten. Die Landschaft ist wegen ihrer großzügigen Auengebiete, aber auch wegen des gelegentlichen Kontrastes zwischen Erholungs- und Industrielandschaft am Nordrand des Ruhrgebietes sehr reizvoll.

Start und Ziel:	Berliner Tor in Wesel
Streckenlänge:	ca. 59 km
Wegbeschaffenheit:	überwiegend asphaltierte Wirtschaftswege und ruhige Nebenstraßen
Fähre:	Die Autofähre Walsum-Orsoy verkehrt März bis Sept. tgl. 8 bis 21 Uhr.
Sehenswürdigkeiten:	**Wesel:** Berliner Tor, Zitadelle; **Dinslaken:** Haus Wohnung, Burg Dinslaken, Heimatmuseum im Voswincklshof; **Rheinberg:** Schloss Ossenberg
Information:	**Stadtinformation Wesel**, Großer Markt 11, 46483 Wesel, Tel. 0281 / 2 44 98, Fax 0281 / 1 40 53, e-Mail: VerkehrsvereinWesel@t-online.de; **Dinslakener Agentur für Marketing**, Investitionsförderung und Tourismus, Friedrich-Ebert-Str. 44-46, 46535 Dinslaken, Tel. (02064) 605 - 304, (02064) 605 - 159, e-Mail: info@din-amit.de; **Stadt Rheinberg**, Stadtmarketing-Agentur, Kirchplatz 10, 47495 Rheinberg, Tel. 02843/171-114, Fax: 02843/175-4081, e-Mail: stadtverwaltung@rheinberg.de

Fähre Wesel-Xanten

Die Tour auf einen Blick

Nr.	km	Beschreibung

Nr. km   **Beschreibung**

Bei Anreise mit dem Zug: aus dem **Bahnhof** in Wesel kommend geradeaus durch die *Wilhelmstraße* und die *Hohe Straße* zum **Berliner Tor.**

1 2 Hinter dem **Berliner Tor** nach rechts in die *Friedrichstraße* und auf der NiederRheinroute durch die Stadt und über die Lippe.

4,3 Über den **Lippehafen**

10,2 und über die *Mehrumer Straße* hinweg.
Die NiederRheinroute führt in einem weiten Bogen bei

2 17 **Götterswickerhamm** wieder an den Rhein.
Vor dem **Kraftwerk** nach links und auf der NiederRhein-

3 23,2 route ins Zentrum von **Dinslaken** zur **Burg Dinslaken**

24,0 und zum Heimatmuseum im **Voswinckelshof.**
Hinter **Dinslaken** die **Emscher** überqueren und 500 m hinter der **Hebebrücke** vor der Zeche Walsum nach rechts auf dem Verbindungsweg 36 zur **Autofähre Wal-**

4

31 **sum-Orsoy.**
Auf der linksrheinischen Seite hinter der **Kirche** nach rechts und der NiederRheinroute folgen. Am Ortsanfang

5 37,5 von **Eversael** nach rechts auf den
Fernradwanderweg R 17.

6 42,7 In **Rheinberg** auf der B 57 nach rechts. Vor dem Gelände der **Solvay-Werke** erneut nach rechts in die *Werftstraße* und dem Verbindungsweg 26 folgen.

7 Hinter **Schloss Ossenberg**, am Ende der *Schlossstraße*

46,3 nach rechts in die *Dammstraße* und auf der Nieder-Rheinroute zum Rhein.

8 55,0 Weiter auf dem Rheindeich bis zur B 58 und über die **Rheinbrücke** nach **Wesel.**

9 56,6 Hinter der Brücke geradeaus und links an der **Zitadelle**

57,3 vorbei. Auf der NiederRheinroute bis zur **Esplanade,** dort nach rechts auf den Verbindungsweg 28 bis zum

1 58,4 **Berliner Tor.**

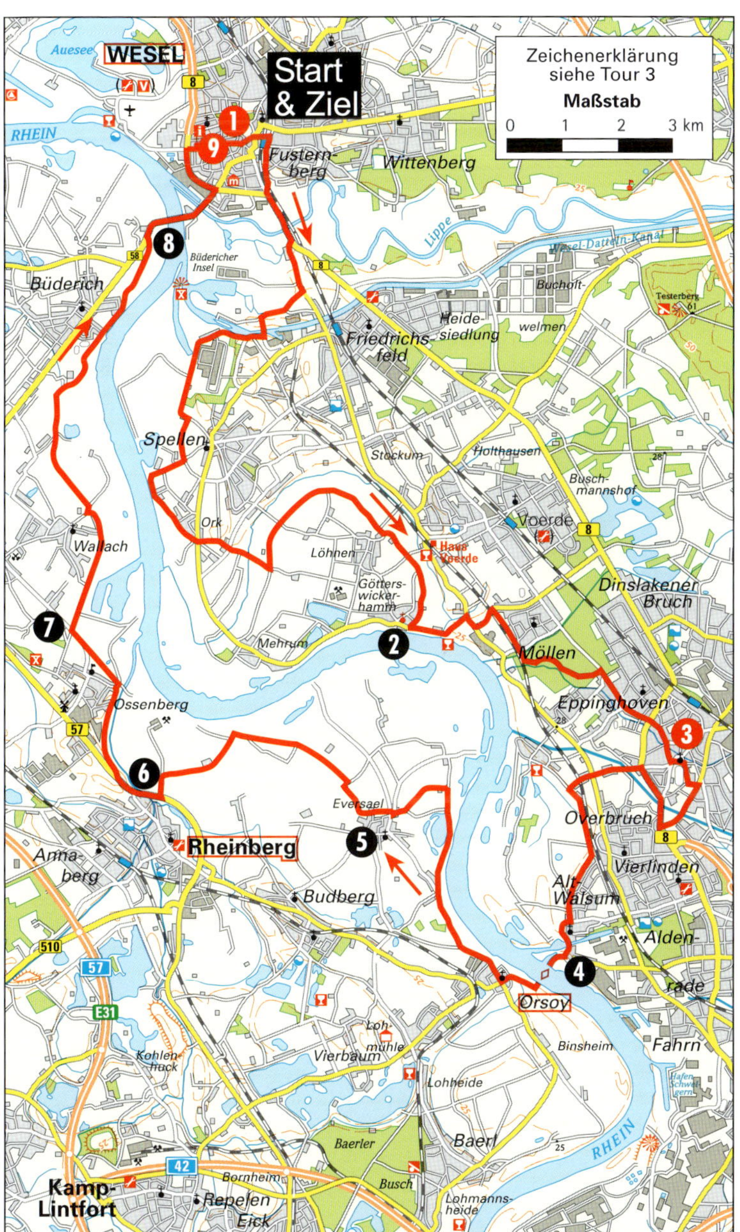
Zeichenerklärung
siehe Tour 3
Maßstab
0   1   2   3 km
WESEL
Start & Ziel
Auesee
RHEIN
Fustern-berg
Wittenberg
Lippe
Wesel-Datteln-Kanal
Büderich
Büdericher Insel
Bucholt-welmen
Testerberg
Heide-siedlung
Friedrichs-feld
Spellen
Stockum
Holthausen
Busch-mannshof
Voerde
Ork
Löhnen
Haus Voerde
Dinslakener Bruch
Wallach
Götters-wicker-hamm
Möllen
Mehrum
Eppinghoven
Ossenberg
Eversael
Overbruch
Rheinberg
Anna-berg
Budberg
Alt-Walsum
Vierlinden
Alden-rade
Orsoy
Binsheim
Fahrn
Loh-mühle
Vierbaum
Lohheide
Hafen Schwel-gern
Kamp-Lintfort
Bornheim
Busch
Baerler
Baerl
Lohmanns-heide
Repelen
Eick
RHEIN

Wenn Sie mit dem Zug anreisen, radeln Sie aus dem **Bahnhof** kommend, geradeaus durch die *Wilhelmstraße* und die *Hohe Straße* bis zum **Berliner Tor** ❶.

Militär und Festungsbau haben drei Jahrhunderte lang die Stadtarchitektur Wesels geprägt. So errichteten im Verlaufe des 80 Jahre währenden Freiheitskriegs der Niederlande gegen die spanische Herrschaft 1568-1648 beide Seiten Festungsanlagen in der Stadt. Französische Truppen unter Ludwig XIV. erweiterten zwischen 1672 und 1679 die militärischen Bauten, und ab 1681 bauten die Preußen **Wesel** zur westlichsten und zugleich mächtigsten preußischen Festung aus. Noch im 19. Jahrhundert modernisiert, verloren die alten Festungsbauten erst um die Wende zum 20. Jahrhundert angesichts der waffentechnischen Entwicklungen ihre militärische Bedeutung. Das **Berliner Tor** wurde 1718-22 von Jean de Bodt als Hauptzugang durch den

Pulverturm in Rheinberg

Festungsgürtel zur Stadt **Wesel** errichtet. Nach dem zweiten Weltkrieg blieb von dem einstmals reichen Figurenschmuck nur auf der der Stadt abgewandten Seite der größte Teil erhalten.

Hinter dem **Berliner Tor** fahren Sie nach rechts in die *Friedrichstraße* und folgen den Markierungen der NiederRheinroute, mit der Sie schließlich die **Lippe** überqueren. Rechts lädt das Café-Restaurant ›Lippeschlösschen‹ zur Einkehr ein.
Sie überqueren später den **Lippehafen** und passieren **Hoogovens Hüttenwerk**.

2 km

4,3 km

Schafe in der Rheinaue

Auf der anderen Seite des Rheins sehen Sie bald darauf den Ortsteil **Büderich** mit der ›Wacht am Rhein‹. 1813 ließ Napoleon dort Festungsanlagen errichten, von denen nur noch Reste erhalten sind. Im weiteren Verlauf der Route säumen schon bald niederrheintypische Kopfweiden den Weg. Unweit der Industriezentren bietet sich Ihnen von einem schmalen Weg oberhalb des Rheins aus ein schöner Blick auf alte Bauernhöfe, auf Wege, die Schatten spendende Bäumen überragen, und auf die unermüdlich tuckernden Rheinschiffe.

Sie überqueren die *Mehrumer Straße*, eine Hauptstraße mit parallel verlaufendem Radweg. Gleich danach trennen sich die NiederRheinroute und der Fernradwanderweg R 19.

10,2 km

Die NiederRheinroute führt Sie weiter geradeaus und später in einem weiten Bogen bei **Götterswickerhamm** ❷ wieder an den Rhein, wo die Rheinpromenade einen schönen Panoramablick bietet. Hier lädt das Speiserestaurant ›Strandhaus Ahr‹ zum Verweilen ein.

18,4 km

Die NiederRheinroute knickt vor dem **Kraftwerk Voerde** nach links, und Sie umfahren den Kraftwerksbereich. Bald darauf

18,4 km

bestimmen Gärten das Bild. Auf einer kleinen Straße fahren Sie durch ein Waldstück und passieren **Haus Wohnung**.

Auf dem geschichtsträchtigen Herrensitz ließ Johann Carselius von Ulft-Doornick im 17. Jahrhundert einen repräsentativen, dreiflügeligen Bau errichten. Nach schweren Zerstörungen im Zweiten Weltkrieg wurde nur ein Teil des Herrenhauses wieder aufgebaut.

 Auf einer kleinen Straße folgen Sie weiter der NiederRheinroute durch ein Waldstück in Richtung Süden, bis Sie die ersten Häuser von **Dinslaken** erreichen, wo es überwiegend durch ruhige Wohnstraßen zur **Burg Dinslaken** ❸ geht.

23,2 km

Aus einer Motte, einem Kastell auf einem künstlich angelegten Hügel in einer Sumpfniederung, entstand im 14. und 15. Jahrhundert ein eindrucksvoller Bau mit mächtigem Hauptturm, der zeitweise als Ruhesitz der Witwen der Grafen von Kleve und später als Drostensitz diente. Nach der Zerstörung der Burg im niederländisch-spanischen Krieg wurde um 1770 eine dreiflügelige Anlage mit breitem Wassergraben errichtet. Im Zweiten Weltkrieg fast völlig zerstört, wurde Dinslakens ältestes Bauwerk 1952 unter Einbeziehung erhaltener Mauerreste wieder aufgebaut.

24,0 km

Das nahe gelegene Heimatmuseum im **Voswinckelshof** bietet neben einer kleinen Sammlung zur Ur- und Frühgeschichte einen Einblick in die bäuerliche und bürgerliche Lebens- und Arbeitswelt seit dem 18. Jahrhundert. Neben typischen Einrichtungsgegenständen sind bäuerliche Arbeitsgeräte und Handwerkszeug ausgestellt.

Hinter **Dinslaken** überqueren Sie die **Emscher**.

Hier riecht es auffallend und unangenehm nach Kohle, schmutziger Schaum schwimmt auf dem schwarz gefärbten Wasser. Zwar gab die Ruhr dem westfälischen Industriegebiet den Namen, doch schon Ende des 19. Jahrhunderts zog der Bergbau weiter nach Norden. So wird die Ruhr im Süden des Ballungsgebietes durch Erholungsgebiete wie am Baldeneysee in Essen geprägt, während industrielle Umweltverschmutzung vor allem im nördlich gelegenen Emschergebiet aufzufinden ist. Seit über 100 Jahren dient die Emscher als offenes Abwassersystem für das rund 800 Quadratkilome-

Autofähre Walsum-Orsoy

ter große Kerngebiet der nordrhein-westfälischen Industrieregion mit zwölf Städten und einer Abwassermenge, die dem Verbrauch von 5 Mio. Einwohnern entspricht. Vor der Mündung in den Rhein wird das Wasser im Klärwerk Emschermündung, der größten Abwasserbehandlungsanlage des europäischen Kontinents, biologisch gereinigt. Dabei fallen täglich 10 000 Kubikmeter Schlamm an, eine Menge, die rund 500 Tankwagenladungen entspricht.

Wenn Sie die **Hebebrücke** vor der Zeche Walsum passiert haben, sind es noch 500 m auf dem Verbindungsweg 36 bis zur **Autofähre Walsum-Orsoy** ❹ (Zeiten s. Infokasten).   31,0 km

Auf der linksrheinischen Seite angekommen, lenken Sie hinter der **Kirche** nach rechts und folgen wieder den Markierungen der NiederRheinroute. Hinter **Drießen** öffnet sich ein schöner Blick auf die weite Niederrheinlandschaft. Im Hintergrund sehen Sie die hohen Türme des Kraftwerkes Voerde.

Die Route verläuft noch ein Stück weit auf dem Rheindeich, bevor sie scharf nach links abknickt und in das Dorf **Eversael** ❺   37,5 km führt. Bei den ersten Häusern lenken Sie nach rechts auf den gut markierten Fernradwanderweg R 17.

Sie radeln bald durch eine offene Felderlandschaft auf den Rhein zu und genießen eine schöne Aussicht, bevor Sie, dem R 17 folgend, landeinwärts **Rheinberg** ❻ ansteuern und die   42,7 km B 57 erreichen.

Schloss Ossenberg

43,5 km   Sie biegen nach rechts auf den Radweg neben der B 57 ein und radeln nach 850 m vor dem Gelände der **Solvay-Werke** erneut nach rechts in die *Werftstraße*. Sie orientieren sich jetzt an den Markierungen des Verbindungsweges 26 und passieren **Schloss Ossenberg ❼**.

1721 ersetzte ein Neubau der Grafen Truchseß von Waldenburg die mittelalterliche Burg. Die Vierflügelanlage besteht aus einem zweigeschossigen Herrenhaus mit Mittelrisalit und Wirtschaftstrakten und wird von Ecktürmen eingefasst. Den Torturm am Eingang krönt eine Laterne. Das Herrenhaus befindet sich in Privatbesitz, eine Besichtigung ist nicht möglich.

46,3 km   Am Ende der *Schlossstraße* stoßen Sie auf die NiederRheinroute und lenken nach rechts in die *Dammstraße*.

Wenn sich die Route hinter dem Ortsteil **Wallach** dem Rhein nähert, lockt das Restaurant ›Zur Rheinwacht‹ zu einer Radelpause.

47,2 km   Wenige Kilometer weiter lädt in **Wesel-Büderich** das Gartenrestaurant ›Die Wacht am Rhein‹ zum Verweilen ein. Bei **Büderich** verläuft die NiederRheinroute landschaftlich ausgesprochen reizvoll am Fluss entlang, bis der Rheindeich auf die B 58 mündet und der Radweg direkt neben der stark befahrenen Bundesstraße auf die **Rheinbrücke** ❽ nach **Wesel** führt. Sie radeln hinter der Brücke geradeaus und links an der **Zitadelle** ❾ vorbei.

55,0 km

Die Weseler **Zitadelle**, die größte in Teilen erhaltene Befestigungsanlage in Nordrhein-Westfalen, wurde zwischen 1688 und 1722 nach Plänen von J. de Corbin mit fünf Bastionen und umfangreichen Vorwerken erbaut und nach dem Ersten Weltkrieg weitgehend geschleift. Erhalten blieben u. a. die Haupttoranlage von 1718, das ehemalige Offiziersgefängnis, die Garnisonsbäckerei

Zitadelle

und eine Kaserne aus dem Jahre 1809. Das ehemalige ›Körnermagazin‹ der Zitadelle beherbergt das Preußen-Museum Nordrhein-Westfalen. Auf über 2000 Quadratmetern Ausstellungsfläche werden Spuren des Preußentums in den Rheinlanden von den ersten Erwerbungen Brandenburgs im Rheinland und in Westfalen (1609/14) bis zur formellen Auflösung des Staates Preußen durch den Beschluss des Alliierten Kontrollrates 1947 gezeigt.

Sie folgen der NiederRheinroute bis zur **Esplanade**, in die Sie nach rechts einbiegen, um auf dem Verbindungsweg 28 zum **Berliner Tor** ❶, Ihrem Ausgangspunkt, zurückzukommen.

57,3 km

58,4 km

Blumen, Spargel und ein alter Ortskern

Straelen – Wachtendonk – Nieukerk – Straelen

Die grüne Seite des Niederrheins. Weite Blumenfelder bei Straelen, Spargelfelder in Walbeck, und mitten drin das historische Städtchen Wachtendonk mit seinem denkmalgeschützten Ortsbild. Da fehlen natürlich auch alte Kirchen und Windmühlen am Wegesrand der landschaftlich abwechslungsreichen Tour nicht.

Start und Ziel:	*Marktplatz in Straelen*
Streckenlänge:	*ca. 49 km*
Wegbeschaffenheit:	*Überwiegend asphaltierte Wirtschafts-wege und ruhige Nebenstraßen, teils auch einfache Feldwege*
Sehenswürdigkeiten:	***Wachtendonk:*** *Haus Ingenraedt, Burg-ruine, Pulverturm, Haus Püllen, Rathaus;* ***Geldern-Walbeck:*** *Steprather Mühle, Pfarrkirche St. Nikolaus, Reste der Fossa Eugeniana;* ***Straelen:*** *Windmühle*
Information:	***Stadt Straelen,*** *Rathausstr. 1, 47638 Straelen, Tel. 02834/702213, Fax 02834 - 70255212, Andreas_Gey@straelen.de;* ***Tourist-Infor-mation Wachtendonk,*** *Feldstr. 35, 47669 Wachtendonk, Tel. 02836 - 915565, Fax 02836/9155-765, e-Mail: tourist-information@wachtendonk. de;* ***Stadt Geldern,*** *Stadtwerbung und Tou-rismus, Issumer Tor 36, 47608 Geldern, Tel. 02831 - 3980, Fax 02831 - 398130, e-Mail: info@geldern.de*

Die Tour auf einen Blick

Nr.	km	Beschreibung

❶ Vom **Marktplatz** in **Straelen** durch den schmalen Durchgang bei dem Restaurant ›Zum goldenen Herzen‹ in die Gasse *Picardie*. Nach 100 m über die Hauptstraße auf den großen Parkplatz und am Ende rechts den Markierungen der NiederRheinroute folgen.

1,2 Nach Überqueren die Bundesstraße 221 in Richtung **Wachtendonk** und bei nächster Gelegenheit nach rechts in die Straße *Boekholt*.

2,0 Nach 700 m an der **T-Kreuzung** nach rechts.

❷ 6,0 Weiter auf der NiederRheinroute über **Haus Ingenraedt** in Richtung **Wachtendonk**

❸ 7,3 bis zur **Brücke** über die Nette. Vor der **Brücke** nach rechts am Flüsschen entlang. Am Freibad vorbei und vor dem **Restaurant** ›**Zur Brücke**‹ nach links in die *Bruchstraße* und später nach rechts in die *Laerheide*.

❹ 9,1 Auf der NiederRheinroute weiter auf einem Feldweg zur **Burgruine**. Vor der Ruine links und anschließend wieder links ins Ortszentrum.

❺ Durch die *Neustraße* bis zur *Weinstraße* und an der T-Kreuzung vor **Haus Püllen** nach links in die *Feldstraße*.

10 Hinter der **Brücke** nach rechts in die *Moorenstraße*. Über den *Schleckerweg* (Verlängerung der Moorenstr.) ortsauswärts. Weiter auf der NiederRheinroute die B 60 überqueren.

❻ 20,3 Hinter dem Ortsschild von **Eyll** nach rechts in die *Eyller Straße*, danach gleich wieder nach links.

❼ An der **T-Kreuzung** am *Heuweg* nach links auf den Verbindungsweg 22.

❽ 22,2 Auf der *Eyller Straße* nach **Nieukerk**. Vor der **Kirche** nach links in den *Loyendyck* und dem Verbindungsweg 45 folgend, auf dem *Veenweg* **Nieukerk** verlassen.

❾ Teils auf asphaltierten Wirtschaftswegen, teils auf einfachen Feldwegen durch die Felder und vorbei an der **30,2 Justizvollzugsanstalt Geldern.**

❿ Über die **Niers** hinweg nach **Pont**. Dort dem Verbindungsweg 45 folgend, auf dem *Bruchweg* in Richtung **34,1 Veert** bis zur *Walbecker Straße*. Dort auf der NiederRheinroute nach links.

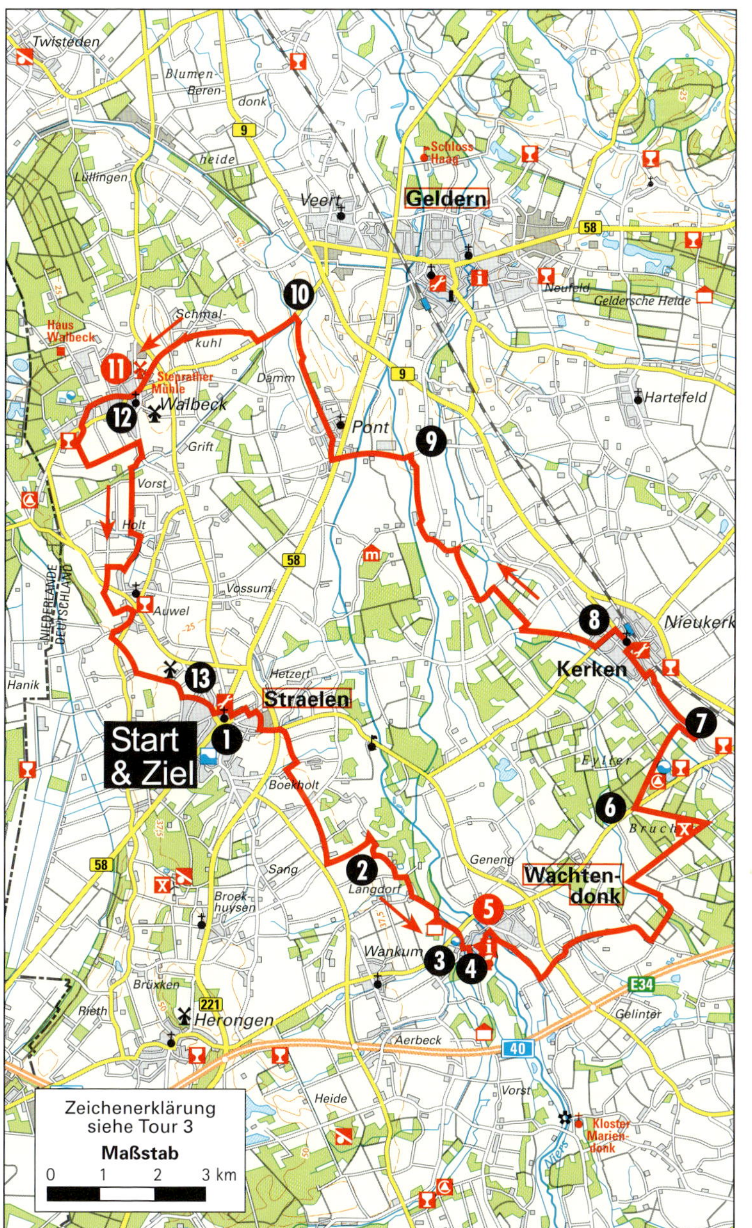
Twisteden
Blumen-
Beren-
donk
heide
9
Lüllingen
Veert
Schloss
Haag
Geldern
58
Neufeld
Geldersche Heide
Haus
Walbeck
Schmal-
kuhl
10
Damm
Stepraher
Mühle
11
12
Walbeck
Grift
Hartefeld
9
Pont
9
Vorst
Holt
m
58
Vossum
Auwel
25
Nieukerk
8
Kerken
13
Hetzert
Straelen
7
Start
& Ziel
1
Eyller
Boekholt
6
Bruch
58
Geneng
2
Langdorf
Wachten-
donk
Sang
5
Broek-
huysen
Wankum
3
4
Brüxken
E34
221
Rieth
Herongen
Gelinter
Aerbeck
40
Heide
Vorst
Kloster
Marien-
donk
Niers
Zeichenerklärung
siehe Tour 3
Maßstab
0   1   2   3 km
NIEDERLANDE
DEUTSCHLAND

⓫ 37,5 Nach 850 m nach rechts in die *Hollestraat* zur **Steprather Mühle** am Ortseingang von **Walbeck**. An der **Pfarrkirche St. Nikolaus** vorbei, am Ende des *Walbecker Marktes* nach links in die *Maas-Straße*.

⓬ 38,5 Über die Ringstraße hinweg und links an einer kleinen dreieckigen **Parkanlage** vorbei.

Der NiederRheinroute über den *Grenzweg* und die *Maas-Straße* bis zur *Straelener Straße* folgen. Dort nach

40,7 rechts in den geschotterten Weg *An der Fossa*.

⓭ 47,1 Weiter auf der NiederRheinroute zur **Windmühle am Gieselberg**

❶ 48,3 und zurück nach **Straelen** zum **Marktplatz**.

Sie starten in **Straelen** am **Marktplatz ❶**. Vom Brunnen aus fahren Sie durch den schmalen Durchgang zwischen dem Restaurant ›Zum goldenen Herzen‹ und dem Uhrengeschäft Hamen in die Gasse *Picardie*. Nach 100 m überqueren Sie die Hauptstraße, gelangen auf einen großen Parkplatz, an dessen Ende Sie sich rechts halten, um später den Markierungen der NiederRheinroute durch ein Wohngebiet und später ein Gewerbegebiet zu folgen.

Sie überqueren die Bundesstraße 221 und radeln in Richtung **Wachtendonk**. Bei nächster Gelegenheit lenken Sie nach rechts in die Straße *Boekholt*.

1,2 km
2,0 km

Nach 700 m biegen Sie an der **T-Kreuzung** nach rechts. Die Landschaft wird jetzt geprägt von Bauernhöfen und Gewächshäusern. Etwas verwinkelt verläuft die NiederRheinroute durch die Felderlandschaft.

6,0 km

Ein Privatweg führt nach links zum **Haus Ingenraedt ❷**. Das kleine Herrenhaus lässt sich leider nur durch die Zweige erahnen. Durchgang und Durchfahrt sind verboten. Ein Schild warnt vor einem bissigen Hund.

Das 1402 erstmals erwähnte **Haus Ingenraedt** liegt versteckt in einem alten Park. Herrenhaus und Eckturm stammen aus dem Jahre 1627.

7,3 km

Wenn Sie an das **Flüsschen Nette** gelangen, lenken Sie vor der **Holzbrücke ❸** nach rechts und radeln auf einer landschaftlich schönen Etappe an dem Flüsschen entlang.

Haus Ingenraedt in Straelen

Wenig später passieren Sie das Freibad von **Wachtendonk**. Vor dem **Restaurant ›Zur Brücke‹** biegen Sie nach links in die *Bruchstraße* und später nach rechts in die *Laerheide*.

Die NiederRheinroute führt Sie schließlich auf einem Feldweg zur Ruine der **Burg Wachtendonk** ❹.

9,1 km

Die rekonstruierten Grundmauern der in den Siebzigerjahren ausgegrabenen **Burg Wachtendonk** lassen eine kleine Wasserburg erkennen, die aus Haupt- und Vorburg bestand. Die 1326 erstmals genannte Burg wurde 1608 zerstört.

Sie halten sich vor der Ruine links und anschließend wieder links. Der Weg ins Zentrum von **Wachtendonk** führt am **Pulverturm** vorbei.

Der in den Jahren 1605/06 auf den Fundamenten eines mittelalterlichen Stadtturms errichtete **Pulverturm** war einst als Teil der Stadtbefestigung geplant. Das zweigeschossige Backsteingebäude mit dem markant abgestuften Renaissancegiebel war jedoch noch nicht fertig, als die Festungsanlagen geschleift wurden. Der Pulverturm diente zunächst als Getreidespeicher, die Kellergewölbe bis

89

zum Jahre 1821 auch als städtisches Gefängnis. Im 19. Jahrhundert wurde der Turm zu Wohnzwecken und später zum Restaurant umgebaut.

Die weitere Radroute führt zu den wichtigsten Sehenswürdigkeiten des Ortes, aber es lohnt sich auch ein ausgedehnterer Stadtbummel. Der in seiner Gesamtheit unter Denkmalschutz stehende Ortskern dokumentiert mit rund 120 Gebäuden die Architektur des 17. und 18. Jahrhunderts. Der Stadtgrundriss ist seit 1560 unverändert geblieben.

Brunnenfigur

Durch die *Neustraße* mit ihren kleinen alten Häuschen radeln Sie bis zur *Weinstraße*, auf der Sie direkt das **Haus Püllen** ❺ ansteuern.

Haus Püllen mit seinen beiden barocken geschweiften Glockengiebeln wurde vor 1634 errichtet und zählt damit zu den ältesten Bauten in **Wachtendonk**. Es diente Bürgermeistern, Ratsherren, Weinhändlern, Schankwirten, Tonpfeifenbäckern und Schreinern als Wohn- und Arbeitsraum und beherbergt heute das Informations- und Bildungszentrum des Naturparks Maas-Schwalm-Nette. Eine Ausstellung zeigt die Entwicklung der Kulturlandschaft am Niederrhein von der Eiszeit über die Bronze- und Eisenzeit und Mittelalter bis in die Gegenwart und informiert über Motten, Burgen und Mühlen. Wechselausstellungen zu verschiedenen Themen ergänzen das Angebot (geöffnet Di bis So 9 bis 12.30 Uhr und 13 bis 17 Uhr).

Am Ende der *Weinstraße* steht rechts das **Rathaus** von **Wachtendonk**.

Mit seiner klassizistischen Putzfassade und der großen Laterne auf dem Pyramidendach gehört es zu den schönsten Häusern der Stadt. Nachdem 1708 ein Brand das frühere Rathaus an dieser Stelle zerstörte, wurde 1712 ein Neubau errichtet, der bereits 1841 wegen Baufälligkeit um- und teilweise neu gebaut werden musste. 1963 wurde das Rathaus durch den Anschluss eines angrenzenden Gebäudes vergrößert und 1979 noch einmal durch einen Anbau erweitert.

Marktbrunnen in Straelen

Sie lenken an der **T-Kreuzung** vor Haus Püllen **5** nach links in die *Feldstraße*.

Hier sind weitere schöne alte Bürgerhäuser zu bewundern, so das Haus Schwarzer Adler, ein zweigeschossiges Backsteinhaus aus dem 15./16. Jahrhundert, dessen Fassade mit dem Treppengiebel aus dem 19. Jahrhundert stammt, das Haus Nr. 24 aus dem 17. Jahrhundert sowie die Lohmühle, ein Fachwerkhaus aus dem 18. Jahrhundert, in dem früher für die Gerbereien vor allem aus Eichenrinde ein pflanzliches Gerbmittel, die Gerberlohe, hergestellt wurde.

Sie überqueren schließlich das **Flüsschen Niers** und biegen unmittelbar hinter der **Brücke** nach rechts in die *Moorenstraße*. Über den *Schleckerweg* radeln Sie aus **Wachtendonk** hinaus in die von Baumgruppen durchzogene Felderlandschaft.   10,0 km

Zickzackförmig, aber gut markiert, verläuft die NiederRheinroute durch den Aldekerker und Eyller Bruch, bis Sie schließlich die B 60 überqueren. Sie passieren kurz darauf den Campingplatz am **Eyller See**, einem natürlichen Badesee.

Hinter dem Ortsschild von **Eyll** **6** lenken Sie nach rechts in die Eyller Straße, dann gleich wieder nach links und stoßen auf die **T-Kreuzung** **7** am Heuweg. Hier knickt die NiederRheinrou-   20,3 km

91

te nach rechts ab in Richtung **Aldekerk**. Sie folgen hier jedoch den Markierungen des Verbindungsweges 22 nach links.

22,2 km Auf der *Eyller Straße* radeln Sie nach **Nieukerk** ❽ hinein. Die Straße führt direkt auf die Kirche zu. Sie lenken vor der Kirche nach links in den *Loyendyck* und folgen dem Verbindungsweg 45, der auf dem *Veenweg* aus **Nieukerk** hinaus führt. Die Route verläuft gut markiert, teils auf asphaltierten Wirtschaftswegen und teils auf einfachen Feldwegen, nach Nordwesten.

Kurz vor dem Ortsteil **Pont** wird die Route auf einer Verkehrsstraße weitergeführt. Das große Gebäude zur Rechten, das wie 30,2 km eine Fabrikanlage wirkt, ist die **Justizvollzugsanstalt Geldern** ❾.

Bald darauf überqueren Sie die **Niers** und erreichen die ersten Häuser von **Pont**. Der Verbindungsweg 45 führt Sie zur Kirche und später auf dem Bruchweg in Richtung **Veert**. Wenn Sie 34,1 km dann an einer **T-Kreuzung** ❿ auf die *Walbecker Straße* stoßen, folgen Sie der NiederRheinroute nach links.

Nach 850 m lenken Sie nach rechts in die *Hollestraat*. Durch eine von Gärtnereibetrieben geprägte Landschaft, in der im Frühjahr der Spargel gedeiht und im Herbst Eriken und Azaleen ihre roten Blüten entfalten, radeln Sie nach **Walbeck** hinein.

Vor über 60 Jahren begann man in **Walbeck**, heute ein Ortsteil von **Geldern**, mit der Produktion der köstlichen weißen Stangen, und schon bald entstand hier die erste Spargelbau-Genossenschaft Deutschlands. Die Erfahrung der Spargelbauern und der lockere, sandige Heideboden garantieren bis heute die vorzügliche Qualität des Walbecker Spargels. Schließlich gilt bei Spargelbauern die Regel: Je leichter der Boden, desto schneller kann der Spargel wachsen, und je schneller der Spargel wächst, desto zarter ist er. In den Monaten Mai und Juni laden in **Walbeck** zahlreiche Spargelrestaurants zum Besuch ein. Spargelbauern verkaufen direkt ab Hof auch an Privatleute.

37,5 km Die NiederRheinroute führt Sie zur **Steprather Mühle** ⓫, einer markanten Turmwindmühle.

Die um 1500 erbaute Windmühle, auch ›Bärenmühle‹ genannt, steht auf dem höchsten Punkt **Walbecks**, ganze 40 m über dem Meeresspiegel. Die Bezeichnung Bärenmühle für diesen Windmühlentypus beschreibt das ›bärenhaft‹ klobige Aussehen. Für den Mühlenbau wurde ein verputzter ziegelgemauerter ehemaliger Wehrturm um ein konisch geformtes Geschoss erhöht. Erste

Radelpause

Schriftquellen erwähnen die Windmühle im Jahre 1510. Hoch oben lesen Sie die Aufschrift ›In Wind und Wetter ist Gott Dein Retter‹.

> Auf der NiederRheinroute passieren Sie die **Pfarrkirche St. Nikolaus.**

Die **Kirche** ist ein spätgotischer Bau aus dem 15. Jahrhundert. Im Turm weist eine Inschrift auf das Baujahr 1432 hin. Sehenswert sind die modernen Glasfenster der Kirche in ihrer lichten, einfachen Farbigkeit in Weiß und Gold unter sparsamer Verwendung von Rot, Blau und Grün. Unmittelbar vor der Pfarrkirche steht der einschiffige Backsteinbau der Lucia-Kapelle, die ebenfalls im 15. Jahrhundert errichtet wurde. Im Inneren sind eine gotische Wandmalerei und eine Christopherus-Holzskulptur aus der Zeit um 1500 sowie ein barocker Taufstein erhalten. Das restaurierte alte Pastorat hinter der Kirche wurde 1625 als Pilgerhaus erbaut.

> Am Ende des *Walbecker Marktes* biegen Sie nach links in die *Maas-Straße*. Sie überqueren auf dem *Bergsteg* die Ringstraße und radeln auf eine kleine dreieckige **Parkanlage** ⓬ mit einem Gedenkstein zu.

38,5 km

Der Gedenkstein mit einem Bronzeportrait erinnert an Major Dr. Klein-Walbeck, den Gründer des Walbecker Spargelbaues.

93

Nachdem er im Ersten Weltkrieg die belgischen Spargelfelder gesehen hatte, unternahm Dr. Klein-Walbeck 1923 selbst die ersten Versuche mit Spargelpflanzen, und am 1. Januar 1929 gründete er mit 55 Walbeckern die ›Spargelbau-Genossenschaft für Walbeck und Umgebung‹.

40,7 km

Sie radeln auf der links der Anlage verlaufenden Nieder-Rheinroute über den *Grenzweg* und die *Maas-Straße* in die Felderlandschaft. Nach ca. 2 km stoßen Sie auf die *Straelener Straße* und biegen kurz darauf nach rechts in den geschotterten Weg *An der Fossa* ein.

Nach wenigen 100 m überqueren Sie die Reste der **Fossa Eugeniana**, ein ehrgeizige Kanalprojekt, an das heute nur noch kleine Wasserstellen erinnern.

Vor über 350 Jahren sollte hier eine Wasserstraße Rhein und Maas miteinander verbinden. Die Spanier, die zu Beginn des 17. Jahrhunderts den Niederrhein besetzt hielten, planten mit dem nach der Statthalterin der spanischen Niederlande, Isabella Clara Eugenia, benannten Kanal, die abgefallenen niederländischen Provinzen vom Rhein- und Maashandel abzuschneiden. Gleichzeitig wollten sie den Kanal auch als Befestigungsanlage gegen die Niederländer ausbauen und errichteten ein Sperrsystem von 24 wasserumwehrten Schanzen. 1626 wurde bei **Rheinberg** und **Geldern** zugleich mit dem Bau begonnen, doch bereits zwei Jahre später kamen die Arbeiten wegen fehlender Finanzen mehr oder weniger zum Erliegen, obwohl das Kanalbett bereits in voller Länge ausgehoben war. Als die Spanier 1633

Rheinberg verloren, war das Projekt endgültig gescheitert. Noch heute zieht sich die Fossa Eugeniana von **Rheinberg** im Osten bis zur niederländischen Grenze im Westen als weitläufiges Grabensystem, das stellenweise mit Wasser gefüllt ist, die niederrheinische Landschaft.

Mühle am Gieselberg

Auf überwiegend asphaltierten Wirtschaftswegen durchqueren Sie, weiter der Niederrheinroute folgend, eine von Blumen- und Gemüsefeldern geprägte Landschaft, passieren Reitplätze und radeln schließlich auf die **Windmühle am Gieselberg** ⓭ zu.

47,1 km

Die schwarz geschindelte Achtkant-Mühle ist eine Variante der am Niederrhein verbreiteten Turmwindmühlen. Auf einem achteckigen Untergeschoss aus Backstein errichtete man einen hölzernen Aufbau, der mit Schindeln verkleidet wurde. Dieser leichtere Mühlentyp wurde ursprünglich für die feuchten Poldergebiete in Nord- und Südholland entwickelt. Die Mühle am Gieselberg wurde 1851 erbaut und war bis zu einem Blitzschlag im Jahre 1952 in Betrieb. 1971/72 wurde die Mühle wieder aufgebaut.

Bald darauf fahren Sie, auf die Kirche von **Straelen** zu und bleiben auf der NiederRheinroute, bis Sie auf dem **Marktplatz** ❶ Ihren Ausgangspunkt erreichen.

48,3 km

Seen, Burgen, Wassermühlen

Kaldenkirchen – Leuth – Krickenbecker See – Hinsbeck – Boisheim – Born – Brüggen – Kaldenkirchen

Eine reizvolle Seenlandschaft bildet den Auftakt für die abwechslungsreiche Radtour nahe der niederländischen Grenze. Mit dem Wasserschloss Krickenbeck, der Burg Brüggen, Wind- und Wassermühlen sowie spezialisierten Museen bieten sich auch interessante Besichtigungsmöglichkeiten.

Start und Ziel:	*Bahnhof Nettetal-Kaldenkirchen*
Streckenlänge:	*ca. 47 km*
Wegbeschaffenheit:	*überwiegend asphaltierte Wirtschaftswege und ruhige Nebenstraßen*
Sehenswürdigkeiten:	***Nettetal:*** *Schloss Krickenbeck, Krickenbecker Seen, Textilmuseum ›Die Scheune‹, Pfarrkirche An St. Peter in Hinsbeck, Stammenmühle, Ruinen der Burg Bocholtz;* ***Brüggen:*** *Borner See, Borner Mühle, Burg Brüggen mit Jagd- und Naturkundemuseum*
Information:	***NetteAgentur Tourismus****, Doerkesplatz 11, 41304 Nettetal-Lobberich, Tel. 02153 - 95880, Fax 02153 - 958822, e-Mail: netteagentur@nettetal.de;* ***Tourist-Information Brüggen****, Burgwall 4, 41379 Brüggen, Tel. 02163/5701-4711, Fax: 02163/5701-8888, e-Mail: Marietta.Peckels@brueggen.de.*

Burg Brüggen

Die Tour auf einen Blick

Nr.	km	Beschreibung
❶		Vom **Bahnhof Nettetal-Kaldenkirchen** auf der Nieder-Rheinroute stadtauswärts in Richtung Autobahn und die
	1,7	A 61 unterqueren.
❷	3,0	Weiter auf der NiederRheinroute nach **Leuth**.
		Dort nach links in die Straße *Hampoel*, über die *Geldrische Straße* hinweg, auf dem gegenüberliegenden Radweg einige Meter nach rechts und dann nach halb links in die
	6,4	*Heerstraße*. Der NiederRheinroute über die B 221 folgen.
❸	7,7	Weiter auf der *Schlossallee* nach **Schloss Krickenbeck**.
❹	8,5	Über die **Krickenbecker Seen** zum Textilmuseum ›Die Scheune‹.
❺	10,5	Auf der NiederRheinroute durch den Ortsteil **Hombergen** nach **Hinsbeck**.
		Von der Straße nach **Grefrath** der NiederRheinroute folgend nach rechts und nach ca. 500 m erneut nach
	11,8	rechts auf den Verbindungsweg 96.
	13,7	Vorbei an der **Heilig-Geist-Kapelle** und über eine **Bahnlinie**
❻	15,5	zur **Burg Bocholtz**.
		Über die NiederRheinroute hinweg in Fahrtrichtung auf
	18	den Verbindungsweg 95.
		Die A 61 überqueren und später entlang einer Bahnlinie
	21	bis zur Bundesstraße B 7.
❼		Durch den Ortsteil **Boisheim** hindurch, die **Nette** überqueren und
❽	24,5	am Dorfrand von **Dilkrath** aufpassen: Der Verbindungsweg knickt hier nach rechts ab. Sie radeln darauf weiter bis zur Kreuzung mit der quer verlaufenden Nieder-Rheinroute.
❾	28,4	Dort nach links in den Ortsteil **Born** und zum **Borner See**. Über die B 221 hinweg in die Stadt **Brüggen** und zur
❿	30	**Burg Brüggen**.
		Wo die NiederRheinroute nach rechts abknickt, weiter in
	31,7	Fahrtrichtung auf dem Verbindungsweg 98 über die Umgehungsstraße. Über das Dörfchen **Heide**
⓫	38,7	und durch den **Brachter Wald** bis zur NiederRheinroute. Dort nach rechts einbiegen und durch den Wald bis
	45	nach **Kaldenkirchen**
❶	46,7	und zum **Bahnhof**.

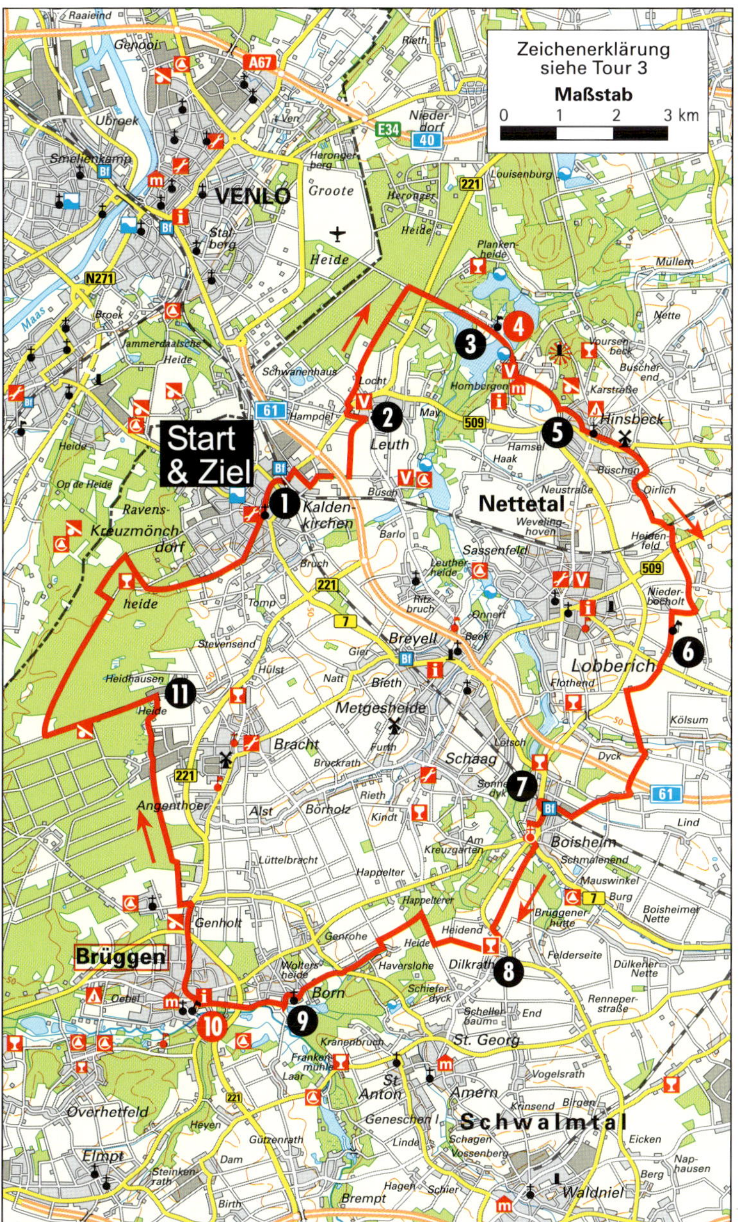
Zeichenerklärung
siehe Tour 3
Maßstab
0   1   2   3 km
Raaieind
Gendoi
Ubroek
A67
Smellenkamp
Bf
VENLO
Niederdorf
E34
40
Groote
Herongerberg
221
Louisenburg
Müllem
m
Bf
i
Stalberg
Heide
Herongerheide
Plankenheide
Nette
Vourensbeck
Buscherend
4
N271
Maas
Broek
Jammerdaalsche
Heide
Schwanenhaus
Locht
3
Hombergen
V
m
Karstraße
Hinsbeck
Büschen
Qirlich
Start
& Ziel
61
Hampeln
May
i
2
Leuth
509
Hamsel
Haak
5
Heidenfeld
Heide
Op de Heide
V
Busch
Neustraße
Weveling-
hoven
509
Ravens-
Kreuzmönch-
dorf
1
Kalden-
kirchen
Barlo
Sassenfeld
Nettetal
Niederbocholt
heide
Bruch
221
Tomp
Leutherheide
Ritzbruch
Onnert
Beek
V
i
6
Stevensend
7
Hülst
Breyell
Bf
i
Lobberich
Flothend
Kölsum
11
Heidhausen
Heide
Natt
Bieth
Metgesheide
Dyck
Furth
Lötsch
50
Bracht
Bruckrath
Schaag
221
Rieth
Börholz
Kindt
Sonn-
dyk
7
Bf
Lind
Angenthoer
Alst
Am
Kreuzgarten
Boisheim
Schmalenend
Mauswinkel
Lüttelbracht
Happelter
Brüggener-
hütte
7 Burg
Boisheimer
Nette
Happelterer
Heidend
8
Felderseite
Dülkener
Nette
Genholt
Genrohe
Heide
Dilkrath
Rennepersraße
Brüggen
Wolters-
heide
Haverslohe
Schieferdyck
Scheller-
baum
End
Oebel
m
i
Born
Schiefer-
dyck
8
Kränenbruch
10
9
St. Georg
Vogelsrath
Franken-
mühle
Laar
St.
Anton
Amern
Birgen
221
Heyen
Geneschen
Linde
Schagen
Vossenberg
Schwalmtal
Eicken
Overhetfeld
Gützenrath
Nap-
hausen
Elmpt
Dam
Berg
Steinken-
rath
Birth
Brempt
Hagen
Schier
Waldniel
m

Sie starten in **Nettetal-Kaldenkirchen** am **Bahnhof** ❶ und radeln auf der NiederRheinroute stadtauswärts in Richtung Autobahn. Die Route verlässt schon nach wenigen hundert Metern die Ausfallstraße, verläuft über schmale Nebenstraßen und unterquert die A 61.

1,7 km

Durch Wiesen und Felder radeln Sie geradewegs auf den Turm der **Leuther Pfarrkirche** ❷ zu.

3,0 km

Der Turm stammt vermutlich aus der Mitte des 15. Jahrhunderts. Die Kirche wurde 1860/61 nach Plänen des Kirchenbaumeisters Vinzenz Statz zu einer dreischiffigen neugotischen Backstein-Hallenkirche erweitert.

Sie folgen der NiederRheinroute nach links in die Straße *Hampoel*, überqueren die *Geldrische Straße*, radeln auf dem gegenüberliegenden Radweg einige Meter nach rechts und biegen dann nach halblinks in die *Heerstraße*. Sie lassen im weiteren Gartenbaubetriebe links liegen und behalten die Fahrtrichtung bei. Wo die Asphaltierung endet, radeln Sie auf einem Schotterweg weiter. Linker Hand lädt bald darauf die **Waldschänke ›Birkenhof‹** mit einem Biergarten zur Rast ein.

Sobald Sie eine asphaltierte Straße erreichen, folgen Sie der NiederRheinroute nach rechts zur B 221, die Sie überqueren.

6,4 km

Auf der *Schlossallee* radeln Sie jetzt auf **Schloss Krickenbeck** ❸ zu.

7,7 km

Bereits um 1250 wurde an dieser Stelle eine erste Wasserburg als Amtssitz der geldrischen Landesherren errichtet. Die heutige dreiflügelige Anlage aus rotem Backstein entstand nach einem Brand im Jahre 1902 in Formen der Neo-Renaissance. Die zweigeschossige, dreiflügelige Vorburg mit Torturm datiert aus dem Jahr 1695. Das Schloss dient heute der Westdeutschen Landesbank als Ausbildungszentrum. Eine Besichtigung ist nicht möglich.

Auf einer der landschaftlich reizvollsten Etappen dieser Tour radeln Sie jetzt auf einer schmalen Landzunge durch den Bereich der **Krickenbecker Seen** ❹.

8,5 km

Links und rechts öffnen sich große Wasserflächen, auf denen zahlreiche Wasservögel schwimmen, besonders im Sommer trifft man hier viele Haubentaucher. Das Naturschutzgebiet der vier

Radwandern an der Leuther Mühle

Krickenbecker Seen – Poelvenn und Glabbacher Bruch nördlich, Hinsbecker Bruch und Schrolik südlich des Schlosses Krickenbeck - bildet das Herz des Naturparks Schwalm-Nette. Ornithologen haben hier einen Brutbestand von insgesamt 114 Vogelarten ermittelt, darunter 28 der nach der ›Roten Liste‹ in Nordrhein-Westfalen gefährdeten 64 Tierarten wie Eisvogel, Schilfrohrsänger, Pirol, Baumfalke, Blaukehlchen und Fledermaus.

Auf dem anderen Seeufer lädt das Strandbad Krickenbeck zu einem erfrischenden Bad ein. Wenige hundert Meter weiter befasst sich das Textilmuseum ›Die Scheune‹ mit Handwerksgeschichte: Von Ende April bis Anfang Dezember präsentiert das Textilmuseum ›Die Scheune‹ unter dem Thema ›Spinnen/Weben und Kunst‹ in wechselnden Ausstellungen Zeugnisse aus der Entwicklungsgeschichte der Niederrheinischen Textilindustrie sowie künstlerische Arbeiten und Sammlungen zu textilen Themen. Öffnungszeiten: Sonntags 11 – 18 Uhr.

Sie folgen weiter der NiederRheinroute, die durch den Ortsteil **Hombergen** in die Felder hinaus führt und schon bald die ersten Häuser von **Hinsbeck** ❺ erreicht. Im Ortszentrum passieren Sie die katholische **Pfarrkirche An St. Peter**.

10,5 km

Wie schon die Kirche in **Leuth** geht auch dieser Bau auf Pläne des Architekten Vincenz Statz zurück. Von 1863 bis 1867 wurde an

101

Schloss Krickenbeck

der Stelle eines Vorgängerbaus die dreischiffige gotische Backstein-Hallenkirche mit Querschiff und polygonalem Chor errichtet. Der Turm folgte im Jahre 1882.

Am Ortsausgang fällt die auf einem Hügel stehende **Stammenmühle** ins Auge.

Diese Windmühle wurde 1854 aus Backstein erbaut und mit Haubendach und Holzflügeln versehen. Die Mühle wird heute als Geigenbauwerkstatt und Konzertraum genutzt.

Sie biegen, dem Verlauf der NiederRheinroute folgend, bald darauf von der Straße nach **Grefrath** nach rechts ab. Wenn nach ca. 500 m die Hauptroute nach links abknickt, halten Sie sich rechts und radeln weiter auf dem Verbindungsweg 96.
Sie fahren an Bauernhöfen, Äckern und Feldern vorbei und gelangen zu dem linker Hand einzeln stehenden **Stegerhof**. Hier bietet die **Heilig-Geist-Kapelle** einen schattigen und ruhigen Rastplatz sowie Gelegenheit zur Besichtigung und zur Meditation.

11,8 km

Die 1897 erbaute und 1986 gründlich restaurierte Kapelle geht auf eine Stiftung des Paters Peter Jakob Steger zurück, einem Mitbegründer des Steyler Missionsordens.

Wenig später überqueren Sie eine nur noch für den Güterverkehr genutzte Bahnlinie. Über eine Trasse, die schon den Römern als Heerstraße zwischen Aachen und Nijmegen diente, erreichen Sie die Ruinen der **Burg Bocholtz** ❻.

15,5 km

Nur die fingerartig emporragende Ruine des ›Kaiserturms‹ und ein spätgotisches Torhaus aus dem Jahre 1450 sind von der 1096 erstmals erwähnten **Burg**, dem Stammsitz des geldrischen Lehensgeschlechts derer von Bocholtz, erhalten geblieben. Die Burg wurde vermutlich im Siebenjährigen Krieg (1756-63) zerstört, der Turm stürzte 1905 ein.

Sie radeln weiter durch Wiesen und Felder. Wenn Sie auf die quer verlaufende NiederRheinroute stoßen, halten Sie sich weiter in Fahrtrichtung und orientieren sich jetzt an den Markierungen des Verbindungswegs 95.

18 km

Brüggener Mühle

Sie überqueren bald darauf die A 61 und stoßen schließlich auf die Bahnlinie, die von **Viersen** über **Kaldenkirchen** in die Niederlande führt. — 18,7 km

Sie radeln einige hundert Meter entlang der Bahntrasse, bevor Sie diese auf der Bundesstraße B 7 überqueren und in den Ortsteil **Boisheim** ❼ gelangen. Die Route verläuft hier mal links, mal rechts der B 7, bis Sie am Ortsende das Flüsschen **Nette** überqueren und in die ruhige Heidelandschaft eintauchen. — 21,0 km

Am Dorfrand von **Dilkrath** ❽ heißt es noch einmal aufpassen, denn der Verbindungsweg knickt hier nach rechts ab. Noch einmal folgt eine Etappe durch die Felder, dann stoßen Sie in einem Waldstück auf eine Kreuzung und dort auf die quer verlaufende NiederRheinroute. — 24,5 km

Sie lenken hier nach links und radeln über Wirtschaftswege auf den Brüggener Ortsteil **Born** zu und weiter entlang des Ortsrands zum **Borner See** ❾. — 28,4 km

Der **Borner See** entstand durch den Tonabbau im 16. Jahrhundert. Im Laufe der Zeit vollständig verlandet, wurde er in den Siebzigerjahren wieder ausgehoben und ist heute ein Vogelschutzgebiet.

Entlang der Schwalm erreichen Sie kurz darauf die **Borner Mühle**.

Die Geschichte dieser Wassermühle reicht bis ins 12. Jahrhundert zurück. Damals gehörte sie der Abtei St. Pantaleon in Köln. An die ehemalige Wasserburg der Vogtei Born erinnern nur noch wenige Eichenstümpfe in einem Pappelwäldchen.

30,0 km Schließlich überqueren Sie die B 221 und erreichen die Stadt **Brüggen**. Hier sollten Sie unbedingt einen kleinen Abstecher auf der NiederRheinroute nach links einplanen, wo Sie direkt zur **Burg Brüggen** ❿ gelangen.

Die 1289 erstmals urkundlich erwähnte **Burg Brüggen** war bis 1794 eine wichtige Grenzfestung des Herzogtums Jülich am Übergang über die Schwalm. Von hier aus wurden rund 240 Quadratkilometer Besitzungen des Herzogtums zwischen **Maas** und **Niers** verwaltet. Unter französischer Verwaltung wurde die Burg im Jahr 1801 an den letzten Amtsverwalter verkauft. Heute ist in Palas und Bergfried der Burg ein Jagd- und Naturkundemuseum eingerichtet, das u. a. die Entwicklungsgeschichte des Menschen von ihren Anfängen bis in die Gegenwart zeigt und den engen Zusammenhang von Mensch und Natur veranschaulicht.

Brüggen Naturkundemuseum

Sie fahren dann zurück. Wo die NiederRheinroute nach rechts abknickt, setzen Sie die Tour in Fahrtrichtung auf **31,7 km** dem Verbindungsweg 98 fort. Den Markierungen folgend, gelangen Sie zur stark befahrenen Umgehungsstraße. Die Route

Rathaus Brüggen

verläuft anschließend noch für ca. 1 km entlang der B 221 und knickt dann nach links.

Landschaftlich schön geführt, radeln Sie überwiegend an einem Waldrand entlang bis in das Dörfchen **Heide**. Dort lenken Sie, den Markierungen des Verbindungsweges folgend, scharf nach links und tauchen in den **Brachter Wald** ⓫ ein.   36,5 km

Nach rund 2 km stoßen Sie wieder auf die NiederRheinroute und radeln nach rechts auf der Trasse der alten Römerstraße, auf der einst die Legionen von Aachen nach Nijmegen zogen, weiter durch den Wald bis an den Ortsrand von **Kaldenkirchen**.   45,0 km

Nach weiteren 2 km haben Sie Ihren Ausgangspunkt, den **Bahnhof Kaldenkirchen** ❶ erreicht.   46,7 km

Die Heimat des Kirchenlehrers

Kempen – Grefrath – Hülsdonk – Tönisvorst – Kempen

Das reizvolle Städtchen Kempen ist Ausgangspunkt einer Ausflugstour, auf der auch die lieben Kleinen so recht auf ihre Kosten kommen: Vor allem die große Spielzeugsammlung im Freilichtmuseum Dorenburg wird sie begeistern.

Start und Ziel:	Bahnhof Kempen
Streckenlänge:	ca. 36 km
Wegbeschaffenheit:	Überwiegend asphaltierte Wirtschaftswege und ruhige Nebenstraßen
Sehenswürdigkeiten:	**Kempen:** Landesburg, Franziskanerkloster, Burse, Propsteikirche St. Maria, Haus Weinforth, Heilig-Geist-Kapelle, Abtei Mariendonk; **Grefrath:** Freilichtmuseum Dorenburg; **Tönisvorst:** Haus Raedt
Information:	**Stadtverwaltung Kempen**, Buttermarkt 1, 47906 Kempen, Telefon 02152/917-237, Fax: 02152/917-242, e-Mail: Christoph.Dellmans@kempen.de; **Gemeinde Grefrath**, Rathausplatz 3, 47929 Grefrath, Tel. 02158/4080-0, Fax: 02158/4080-888, e-Mail: info@ grefrath.de; **Stadtverwaltung Tönisvorst**, Bahnstraße 15, 47918 Tönisvorst, Tel. 02151/999-0, Fax: 02151/999-311, e-Mail: info@toenisvorst.de

Kuhtor in Kempen

Die Tour auf einen Blick

Nr.	km	Beschreibung
1		Vom **Bahnhof Kempen** den Markierungen der Nieder Rheinroute in Richtung Stadtmitte folgen.
2		Vorbei an der **Landesburg** und der **Burse** zur **Propsteikirche St. Maria**.
	0,75	Am südlichen Ende des Kirchplatzes neben der **Heilig-Geist-Kapelle** auf die *Ellenstraße*.
3	5,8	Vor der **Niers**, nach der **Abtei Mariendonk** nach links der NiederRheinroute nach **Grefrath** folgen.
	9,3	Nach Überqueren der **Niers** nach rechts auf die Umgehungsstraße von **Grefrath**
4	11,0	zum **Freilichtmuseum Dorenburg**.
	12,5	Wenn im Ortszentrum von **Grefrath** an einer **T-Kreuzung** die NiederRheinroute nach rechts abknickt, dem Verbindungsweg 100 nach links folgen.
5		Später 750m flussaufwärts entlang der **Niers**, dann über die **Brücke** in den Ortsteil **Oedt**. Dort nach links auf den
	16,2	Verbindungsweg 94.
		Wenn dann zur Linken ein **Waldstück** auftaucht, aufpassen! Am Ende dieses Waldstücks nach rechts auf den
	18,2	Verbindungsweg 57.
	21,2	Weiter, bis der Verbindungsweg an einer **Kreuzung** auf die NiederRheinroute stößt.
6	25,4	In Fahrtrichtung weiter vorbei an **Haus Raedt** und durch den Ortsteil **Laschenhütte** bis zur Landstraße L 362. Dort nach links.
7	31,1	Nach ca. 500 m nach links auf dem Verbindungsweg 56 die **B 509** überqueren.
	34,7	Hinter einem kleinen Teich zur Rechten nach 200 Metern nach links. Die Umgehungsstraße von **Kempen** überqueren und weiter bis zu den Bahngleisen. In Fahrtrich
1	36,2	tung weiter auf der NiederRheinroute bis zum **Bahnhof**.

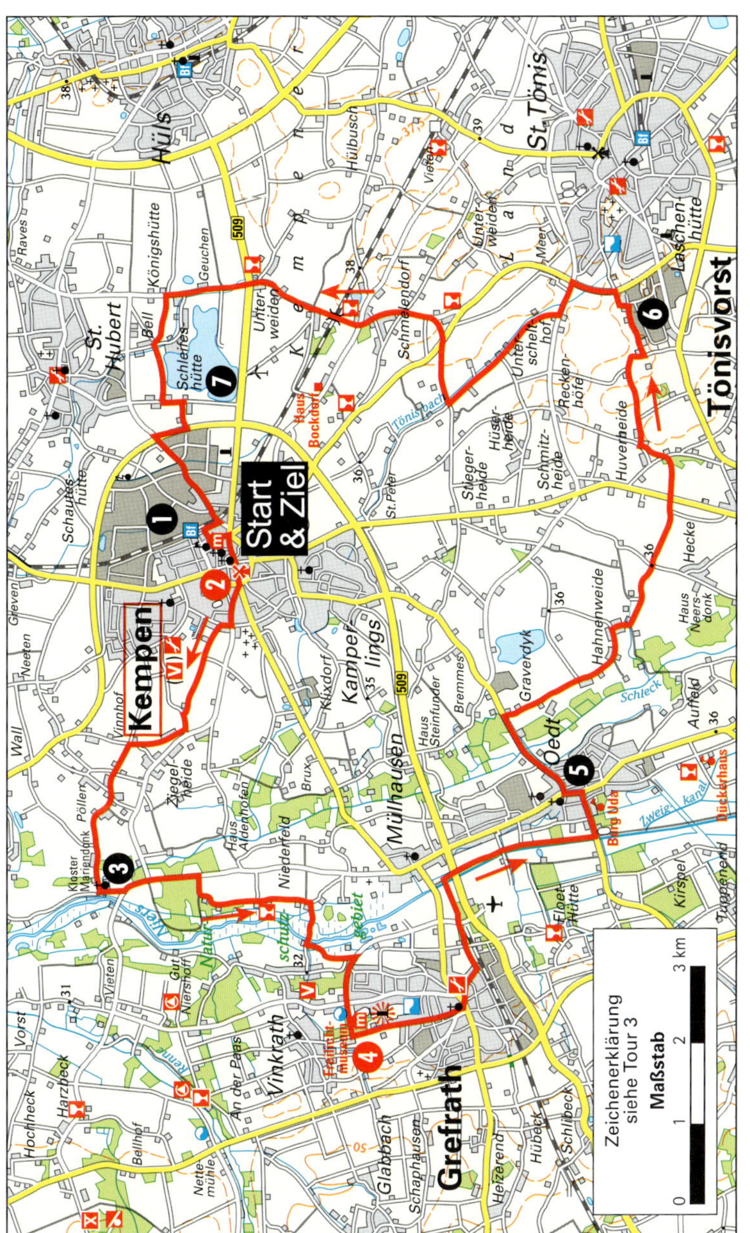

Hüls
St. Tönis
Tönisvorst
St. Hubert
Raves
Bell
Königshütte
Geuchen
Schleifes hütte
Schautes hütte
Schautes hütte
Gleven
Neeten
Wall
Vinnhof
Kempen
(V)
Ziegel heide
Pöllen
Kloster Mariendonk
Niers
Vieten
Gut Niershoff
Natur
schutz
gebiet
Renne
Vorst
Hochheck
Harzbeck
Bellhof
Netter mühle
An der Paas
Vinkrath
Freilicht museum
Grefrath
Glabbach
Schaphausen
Helzerend
Hübeck
Schlibeck
Haus Aldenhofen
Niederfeld
Bruck
Klixdorf
Kamper lings
Mülhausen
Haus Steinfunder
Bremmes
St. Peter
Schmalendorf
Tönisbach
Unter weiden
Hülbusch
Schmelendorf
Unter scheite hof
Recken höfe
Huverheide
Hahnenweide
Graverdyk
Oedt
Burg Uda
Zweig kanal
Dückerhaus
Schleck
Auffeld
Kirspel
Tüppenend
Haus Neers donk
Hecke
Sieger heide
Schmitz heide
Hüser heide
Floet hütte
Haus Bockdorf
Haus Bockdorf
Start & Ziel
Bf
509
38
35
36
39
37
31
32
Laschen hütte
Meer
1 2 3 4 5 6 7
Zeichenerklärung
siehe Tour 3
Maßstab
0 1 2 3 km

Vom **Bahnhof** ❶ in Kempen folgen Sie den Markierungen der NiederRheinroute in Richtung Stadtmitte. Über die *Thomasstraße* erreichen Sie die **Ehemalige Kölnische Landesburg** ❷.

Die 1396-1400 errichtete Wasserburg wurde 1634 zu einem Schloss umgebaut und diente bis 1794 als Residenz des erzbischöflichen Verwalters des Amtes Kempen. Nachdem die Burg 1851 bis auf die Grundmauern abgebrannt war, wurde sie 1856-63 nach Plänen des Architekten Heinrich Wiethase im neugotischen Stil wieder aufgebaut. Von 1863 bis 1925 beherbergte sie das Gymnasium Thomaeum, 1933 bis 1975 diente sie als Sitz der Kreisverwaltung. Heute wird sie als Kreis- und Stadtarchiv genutzt.

Lohnenswert ist ein Abstecher zum **Franziskanerkloster** (ausgeschildert).

Das 1627-31 errichtete Kloster wurde 1746/47 im rheinischen Barockstil neu erbaut. 1802 wurde das Kloster aufgelöst, das Gebäude wird heute als Kulturforum, Kreis- und Stadtbibliothek genutzt. Das Städtische Kramer-Museum zeigt Exponate zur Kulturgeschichte des Niederrheins vom 14. bis zum frühen 20. Jahrhundert, darunter eine bedeutende Truhensammlung. Die benachbarte Paterskirche diente bis 1802 als Ordenskirche. Als Museum für Niederrheinische Sakralkunst ist sie heute Ausstellungsraum für sakrale Gold- und Silberschmiedearbeiten des 15. bis 19. Jahrhunderts, für Kirchentextilien, Paramente, sakrale Buchkunst und sakrale Plastiken.

Kreuzwegfigur an St. Martin

Die NiederRheinroute führt Sie an der **Burse** vorbei.

Burg Kempen

Das 1664-68 erbaute Barockgebäude war Kempens erstes Gymnasium. Heute nutzt es die katholische Pfarrgemeinde als Pfarrzentrum.

Die Route führt weiter zur sehenswerten **Propsteikirche St. Maria**.

Trotz schwerer Zerstörungen im Zweiten Weltkrieg blieb ein großer Teil der spätgotischen Innenausstattung, von gotischen Wandmalereien im Chorumgang über das turmartige Sakramentshaus bis zum fein geschnitzten Chorgestühl, erhalten. Drei Schnitzaltäre aus der Antwerpener Schule zeigen biblische Szenen. Der Bruderschaftsaltar im südlichen Seitenschiff vermischt auf reizvolle Weise Bilder aus der Passion Christi mit Motiven aus dem Alltag des 16. Jahrhunderts. Der hoch aufragende viergeschossige Westturm der Kirche stammt noch vom romanischen Vorgängerbau aus dem 12. Jahrhundert.

Unmittelbar neben der Kirche erinnert ein Denkmal an Thomas von Kempen (1380-1471). Dem Mönch und Kirchenlehrer

113

mit dem bürgerlichen Namen Thomas Hemerken wird das Buch ›Die Nachfolge Christi‹ zugeschrieben, ein Standardwerk der christlichen Literatur. Nach ihrem berühmtesten Sohn nennt sich die Stadt **Kempen** auch ›Thomasstadt‹.

Am südlichen Ende des Platzes finden Sie **Haus Weinforth** und die **Heilig-Geist-Kapelle**. Das um 1500 erbaute Patrizierhaus Weinforth aus Fachwerk mit vorgesetztem gotischen Stufengiebel zeugt von der wirtschaftlichen und kulturellen Blüte der Stadt in jener Zeit. Heute lädt hier eine altdeutsche Gaststätte zur Einkehr ein. Die Heilig-Geist-Kapelle wurde um 1425 als kreuzrippengewölbte Saalkirche erbaut und diente einem Hospital für arme, alte und alleinstehende Mitbürger als Kirche. Der gotische Hallenbau beherbergte bis 1985 die Stadtbücherei und wird heute von der katholischen Gemeinde genutzt.

0,75 km — Nahe der **Kapelle** lenken Sie auf der *Ellenstraße* auf die Stadtmauer zu, die zwischen *Ellenstraße* und *Heilig-Geist-Straße* von einem **Mühlenturm** gekrönt wird.

Durch ruhige Wohngebietsstraßen erreichen Sie den Stadtrand und radeln parallel zu Kreisstraße K 12 in die offene Felderlandschaft.

5,8 km — Kurz vor der **Niers** passieren Sie die **Abtei Mariendonk** ❸.

Das Benediktinerinnen-Kloster wurde im Jahre 1899 gegründet. Die Nonnen pflegen hier die Kunst des Webens und Stickens in einer eigenen Paramentenwerkstatt. Die Gästekapelle der Klosterkirche ist stets geöffnet.

Heuernte im Freilichtmuseum Dorenburg

In Fahrtrichtung führt der Verbindungsweg 101 nach Wachtendonk. Sie biegen jedoch nach links ab und folgen den Markierungen der NiederRheinroute auf einer landschaftlich reizvollen Etappe durch die Niersniederung nach Grefrath, und überqueren schließlich die **Niers** und stoßen auf die Umgehungsstraße von **Grefrath**, in die Sie nach rechts einbiegen und zum **Freilichtmuseum Dorenburg** ❹ radeln.

9,3 km

11 km

Das **Freilichtmuseum** besteht aus dem Wasserschloss Doren-burg und verschiedenen Hofanlagen. Stallungen und Werkstät-ten wie Gerberei, Schmiede und Töpferei sowie ein Kolonialwa-renhandel dokumentieren anschaulich Leben, Wohnen und Ar-beiten der ländlichen Bevölke-rung in der Ver-gangenheit. Zum Museum gehört auch eine große Spielzeugsamm-lung mit schönen Beispielen histo-rischen Spielzeugs sowie die Mu-seumsgaststätte ›Pannenkooke-huus‹ (geöffnet 1. April- 31. Ok-tober 10-18 Uhr, im März und November bis 16 Uhr).

Kramer Museum Kempen

12,5 km — Die Route verläuft über Nebenstraßen ins Ortszentrum. An der Kirche knickt die NiederRheinroute nach rechts ab. Sie lenken nach links in den Verbindungsweg 100 und gelangen an die **Niers**, die in diesem Bereich kanalisiert ist, und radeln für ca. 750 m an ihrem Ufer flussaufwärts, bevor Sie den Fluss überque-ren und den Ortsteil **Oedt** ❺ erreichen. Dort stoßen Sie auf den

16,2 km — Verbindungsweg 94, der **Viersen** mit **Kempen** verbindet. Sie biegen links ab und folgen später den Routenmarkierungen nach rechts.

Wenn Sie dann zur Linken ein **Waldstück** passieren, heißt es aufpassen: Am Ende dieses Waldstücks zweigt nach rechts der

18,2 km — Verbindungsweg 57 ab, dem Sie jetzt weiter folgen.

Die Route verläuft an Bauernhöfen vorbei und durch die of-fene Felderlandschaft, bis sie schließlich an einer **Kreuzung** auf

21,2 km — die NiederRheinroute stößt. Sie radeln in Fahrtrichtung weiter und überqueren nach rund 1 km die Landstraße L 361.

Spielzeugmuseum in Grefrath

Mit einem kleinen Abstecher auf der L 361 nach Süden erreichen Sie **Haus Raedt**. Als Rittergut ist der Adelssitz bereits aus der ersten Hälfte des 14. Jahrhunderts bekannt. Das heutige Herrenhaus mit geschweiftem Stachelgiebel stammt aus dem frühen 17. Jahrhundert. Der etwas abseits gelegene sechseckige Turm diente als Lustschlösschen.

Weiter auf der NiederRheinroute gelangen Sie in den Ortsteil **Laschenhütte** ❻ und stoßen auf die Landstraße L 362. **25,4 km** Sie lenken nach links und verlassen nach circa 500 Metern die Landstraße nach links auf dem Verbindungsweg 56.

Sie überqueren später die **Bahnlinie** zwischen **Kempen** und **Krefeld** und überqueren die **B 509** ❼. Hinter einem kleinen Teich **31,1 km** zur Rechten lenken Sie nach 200 Metern auf dem Verbindungsweg 56 nach links. Sie überqueren die Umgehungsstraße von **34,7 km** **Kempen** und radeln weiter bis zu den **Bahngleisen**. In Fahrtrichtung geht es weiter auf der NiederRheinroute bis zum **Bahnhof** ❶. **36,2 km**

Wo der Bischof Zoll kassierte

Dormagen – Zons – Stürzelberg – Neuss – Dormagen

Die abwechslungsreiche Tour führt über landschaftlich schöne Etappen entlang des Rheins zu kulturellen Höhepunkten wie dem alten Festungsstädtchen Zons mit seinem schönen Ortsbild oder der Museumsinsel Hombroich.

Start und Ziel:	*Bahnhof Dormagen*
Streckenlänge:	*ca. 59 km*
Wegbeschaffenheit:	*Überwiegend asphaltierte Wirtschaftswege und ruhige Nebenstraßen*
Sehenswürdigkeiten:	***Dormagen:*** *Feste Zons mit Kreismuseum und Freilichtbühne, Kloster Knechtsteden, Erholungswald Tannenbusch mit Wildpark und Waldmuseum;* ***Neuss:*** *Kinderbauernhof in Selikum, Museum Insel Hombroich*
Information:	***Heimat- und Verkehrsverein der Stadt Zons e.V.,*** *Stürzelberger Str. 18, 41541 Dormagen, Tel. 02133 - 3772, Fax 02133 - 3765, e-Mail: info@hvv-zons.de;* ***Tourist Information Neuss,*** *Büchel 6, 41460 Neuss, Tel. 02131 - 4037795, Fax 02131 - 4037797, e-Mail: tourist-information@neusserttgmbh.de*

Feste Zons

Die Tour auf einen Blick

Nr.	km	Beschreibung

① Vom **Bahnhof Dormagen** durch die *Bahnhofstraße*. Nach 600 Metern nach dem Linksknick nach rechts in die Straße *"An der Langenführ"*.

1,4 Nach links in die *Edith Stein-Straße* und am Ende nach links und gleich wieder nach rechts in die *Bahnhofstraße*.

② **3,2** Über die Bundesstraße B 9 zum **Rhein**.

Weiter auf dem Rheindeich und später landeinwärts zur

③ **9,4** Feste Zons.

Auf der NiederRheinroute über den Rheindeich nach

④ **17,5** Stürzelberg.

19,1 Durch ein Wohngebiet zur Bundesstraße B 9.

21,2 Dort nach rechts und nach ca. 2 km auf der Nieder-Rheinroute erneut nach rechts.

26,1 Weiter auf der NiederRheinroute über **Neuss-Uedesheim** zum **Rhein** und später landeinwärts die A 46 unterqueren.

⑤ **29,3** Über den Ortsteil **Grimlinghausen** an den **Rhein** bis zur **Erftmündung** und dort nach links auf den Verbindungsweg 64.

31,3 Am Erftufer entlang und die Autobahn A 57 überqueren. Auf dem Verbindungsweg 64 vorbei an **Schloss**

37,1 **Reuschenberg**. In Helpenstein stößt der Verbindungsweg 64 wieder auf die NiederRheinroute. Dort ca. 200 m in Fahrtrichtung und dann auf der NiederRheinroute nach links.

⑥ Eventuell Abstecher zum Museum Insel Hombroich.

40,2 Wenn die NiederRheinroute hinter Münchrath den Bahndamm erreicht, knickt sie nach rechts ab. Sie folgen in Fahrtrichtung dem Verbindungsweg 65.

⑦ Durch das Dorf **Neukirchen** und die Neukircher Heide weiter in Fahrtrichtung auf der NiederRheinroute.

⑧ **45,1** Am Ortsanfang von **Gohr** die Bundesstraße B 477
⑨ **49,4** überqueren und weiter in den **Knechtsteder Wald**.

⑩ **50,7** Vorbei an **Kloster Knechtsteden** und weiter auf der
⑪ **56,1** NiederRheinroute durch **Delhoven** und die A 57 unterqueren.

⓬ Nach gut 1 km hinter der **Eisenbahnlinie Neuss-Köln** die NiederRheinroute verlassen und nach links in die *Schillerstraße.*

❶ 59 An einer großen Kreuzung in die *Bahnhofstraße* zum **Bahnhof Dormagen**.

Vom **Bahnhof ❶** in **Dormagen** radeln Sie halbrechts durch die *Bahnhofstraße.* Nach 600 Metern lenken Sie nach dem Linksknick nach rechts in die Straße *„An der Langenführ"*. Später biegen Sie nach links in die *Edith-Stein-Straße.* 1,4 km
Am Ende nach links und gleich wieder nach rechts radelnd, gelangen Sie in die *Bahnhofstraße.* Sie steuern nach rechts in die 2,5 km
kleine Straße *„Unter den Hecken"* und lenken am Ende nach 3,2 km
links über die stark befahrene Bundesstraße B9 geradewegs auf den Rhein zu.

Sie erklimmen den Rheindeich und setzen Ihre Fahrt mit reizvollen Ausblicken auf den Fluss, die vorüberziehenden Schiffe und die gegenüberliegende Stadt **Monheim** fort, bis die Markierungen NiederRheinroute wieder landeinwärts weisen. 6,0 km
Durch die Felderlandschaft der Zonser Heide radeln Sie im leichten Zickzackkurs zur **Feste Zons ❸**. 9,4 km

Zons besitzt eine im Rheinland einzigartige, gut erhaltene mittelalterliche Befestigungsanlage aus dem 14. Jahrhundert. Die Blütezeit der Stadt begann, als Erzbischof Friedrich III. von Saarwerden 1373 den Rheinzoll von **Neuss** nach **Zons** verlegte und zur Verteidigung und Befestigung die Burg Friedestrom sowie eine Befestigung mit Toren, Türmen, Mauern und Schutzgräben errichten ließ. Der Rheinzoll wurde bis ins 18. Jahrhundert erhoben.

Sie biegen auf den Leinpfad entlang des Rheins ein und durchfahren dann den Mauerdurchbruch, um zum ehemaligen ›**Herrenhaus‹ Burg Friedestrom** zu gelangen, das heute als Kreismuseum des Kreises **Neuss** genutzt wird. Darin ist die größte Jugendstil-Zinnsammlung Deutschlands zu sehen (geöffnet Di bis Fr 14 bis 18 Uhr, Sa, So und an Feiertagen 11 bis 17 Uhr). Das dem Kreismuseum gegenüberliegende Gebäude der Stadtbücherei stammt aus dem Jahre 1714 und diente zeitweilig als Knechtehaus.
Nach rechts über den *Schlossplatz* gelangen Sie in die *Rheinstraße.* Auf der **Ostmauer** sind noch zwei achteckige, gotische

121

Kamberger
Hof
E31
44
Lanzerath
Volmers-
werth
Pomona
Rhein
5
Indoor-
Sklaulage
Gnaden-
tal
Reuschen-
berg
Sefikum
Löveling
Erfttal
Schloss
Reuschenberg
Kinderbauernhof
Erft
9
Derikum
Bf
Holzheim
Weck-
hoven
57
E31
46
Raketenstation
Hombroich
Minkel
Norf
67
Bettikum
Elvekum
6
Helpen-
stein
Schlicherum
Gut
Hombroich
Museum Insel
Hombroich
Speck
Norfbach
F S
Aller-
heiligen
42
Gruissem
Neu-
brück
Wehl
Hoisten
Rosellen
Gier
Kuckhof
52
Münchrath
50
Mühl-
rath
46
7
Neu-
kirchen
Neuenbaum
Roseller-
heide
Hülchrath
Neukircher
Heide
477
Jäger-
hof
Kloster
Langwaden
Gubisrath
Langwaden
D i e
8
42
Ückerath
Gilbach
Haus
Busch
Haus
Horr
Gohr
Haus
Leusch
Straberg
56
Villau
Much-
hausen
Ramrath
58
Hoeningen
9
Vronoverhof
Broich
61
Widdes-
hoven
G i l b a c h
53
Barrenstein
Höverlerhöfe
Kloster
Knechtsteden
10
Ueckinghoven
Evinghoven
Anstel
Kruchenhof
Gut
Barbarastein
Zeichenerklärung
siehe Tour 3
Maßstab
0   1   2   3 km

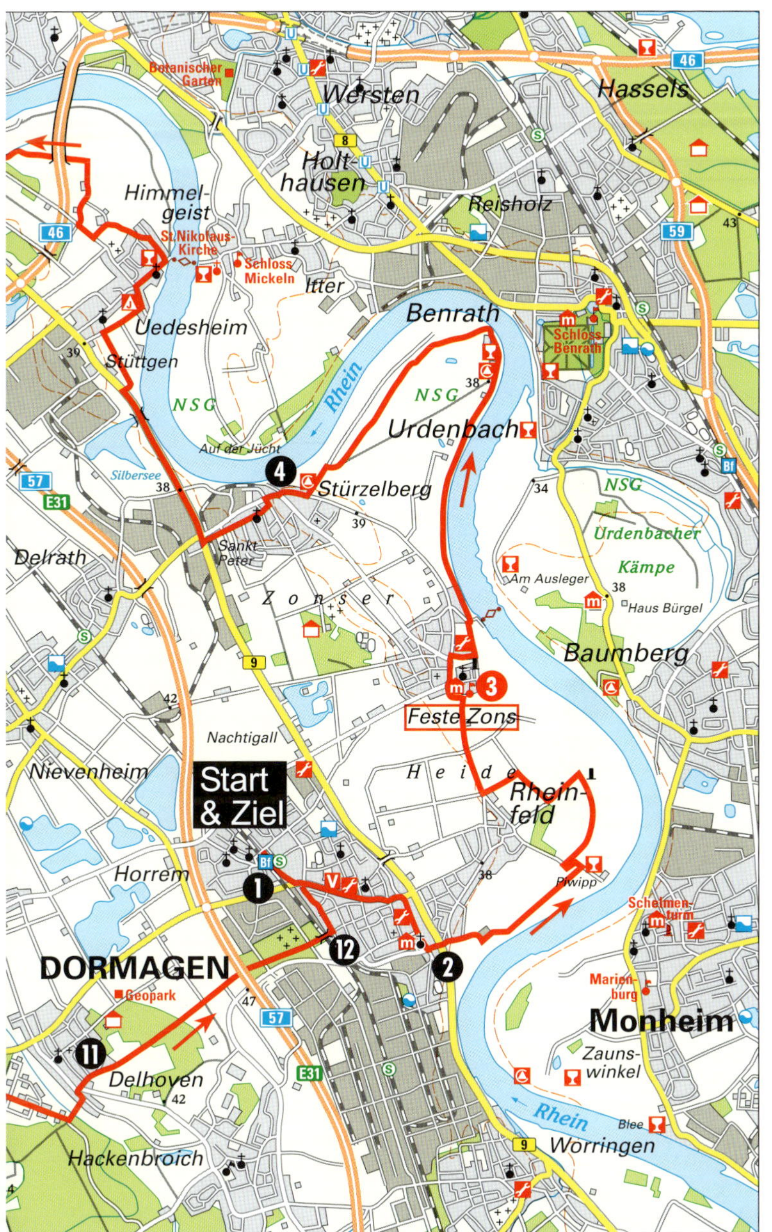
Botanischer Garten
Wersten
Hassels
46
Holt-hausen
8
Himmel-geist
Reisholz
St. Nikolaus-Kirche
46
Schloss Mickeln
Benrath
59
43
Itter
Schloss Benrath
Uedesheim
Stüttgen
Rhein
38
NSG
Urdenbach
39
NSG
57
Auf der Jücht
Stürzelberg
E31
Silbersee
38
34
NSG
Delrath
Sankt Peter
39
Urdenbacher Kämpe
Zonser
Am Ausleger
38
Haus Bürgel
9
42
Baumberg
Nachtigall
Feste Zons
Nievenheim
Start & Ziel
Heide
Rhein-feld
Horrem
Bf
38
Piwipp
DORMAGEN
12
Scheiben-turm
Geopark
Monheim
47
57
Marien-burg
11
Zauns-winkel
Delhoven
42
E31
Blee
9
Hackenbroich
Worringen

Für eine Rundfahrt wenden Sie sich nördlich der Stadt hinter dem Rheintor mit dem mächtigen **Zollturm**, der einst der Zollabfertigung diente, nach links und radeln um die Stadtmauer mit ihren in regelmäßigen Abständen angelegten Schießscharten und Wachhäuschen. An der Nordwestecke passieren Sie den **Krötschenturm**, der mal als Wachturm, mal als Verlies und mal als Speicher diente.

Am Ende der westlichen Stadtmauer stoßen Sie auf einen ehemaligen **Befestigungsturm**, der vermutlich schon im 15. Jahrhundert zu einer Windmühle umgebaut wurde. Die Mühle war bis 1909 in Betrieb und kann heute besichtigt werden. Sie bietet einen schönen Blick über **Zons** und bei guter Sicht bis ins Bergische Land und zum Kölner Dom.

Östlich des **Südtores** passieren Sie die Freilichtbühne und gelangen zum südöstlichen **Eckturm**, dem so genannten Eisbrecher. Am Fuße dieses Turms, der außer zur militärischen Verteidigung auch zum Schutz gegen eventuelles Treibeis angelegt wurde, erkennt man noch deutlich Spuren von Treidelseilen.

Der Rhein bei Zons

Auf dem Leinpfad entlang des Rheins gelangen Sie wieder auf die NiederRheinroute, der Sie weiter nach Norden folgen. Sie radeln jetzt auf einer landschaftlich reizvollen Etappe

auf dem Rheindeich, genießen den Ausblick auf den Fluss und den gegenüberliegenden Düsseldorfer Stadtteil **Benrath**.

Dann erreichen Sie den Ortsrand des Dormagener Stadtteils **Stürzelberg** ❹.   17,5 km

Auf ruhigen Straßen durchqueren Sie das Wohngebiet und stoßen auf die Bundesstraße B 9, in die Sie nach rechts einbiegen.   19,1 km

Wenn Sie nach gut 1,5 km über ein Gewässer rollen, lassen Sie den Blick nach rechts zum Rhein schweifen. Hin und wieder sehen sie hier noch einige der wenigen alten Fischerboote, die so genannten Aalschocker, die über Jahrhunderte zum Fischfang auf dem Rhein eingesetzt wurden.

21,2 km   Kurz darauf knickt die NiederRheinroute von der B 9 nach rechts ab.

    Sie radeln jetzt auf den Neusser Ortsteil **Uedesheim** zu, doch der zickzackförmige Routenverlauf berührt nur den Ortsrand. Erneut gelangen Sie bis an das Rheinufer, dann wendet sich die NiederRheinroute wieder landeinwärts. Sie fahren jetzt durch

26,1 km   eine Felderlandschaft und unterqueren die Autobahn A 46.

    Sie kommen über den Ortsteil **Grimlinghausen** noch einmal bis

29,3 km an den **Rhein**, fahren weiter bis zur **Erftmündung** ❺ und biegen dort nach links in den Verbindungsweg 64 ein.

31,3 km   Dem Erftufer folgend umfahren Sie den Ortsteil **Gnadenthal** und überqueren die Autobahn A 57. Wenn Sie mit Kindern unterwegs sind, sollten Sie im Ortsteil **Selikum**, in den Sie jetzt gelangen, einen Abstecher zum **Kinderbauernhof** einplanen.

Die Stadt **Neuss** hat im *Nixhütter Weg* 141 einen ehemaligen Bauernhof umgewandelt, um Stadtkindern die Gelegenheit zu geben, das Landleben kennen zu lernen. Es gibt Schweine, Kaninchen, Ziegen, Schafe, Ponys und Pferde, auf einem Tümpel schwimmen Enten und Gänse. Historische Geräte, von der blank geputzten Jauchepumpe über den Kartoffelroder bis hin zum dreispännigen Pferdepflug bieten einen Einblick in die traditionelle bäuerliche Arbeitswelt.

    Sie passieren das Mitte des 19. Jahrhunderts erbaute **Schloss Reuschenberg**, das heute der Landwirtschaftskammer Rheinland als Schulungszentrum dient, radeln überwiegend an der Erft entlang zum **Haus Eppinghoven**, einem ehemaligen Kloster mit reich geschmücktem Portal.

33,0 km   Der Radweg wechselt auf das linke Ufer der Erft, um danach

37,1 km häufiger das Ufer zu wechseln. In Helpenstein stößt der Verbindungsweg 64 wieder auf die NiederRheinroute.

    Für einen lohnenden Abstecher radeln Kunstfreunde stattdessen geradeaus zum **Museum Insel Hombroich** ❻. und kehren anschließend zur NiederRheinroute zurück.

In den Gassen von Zons

Das private Museum liegt in einer 20 ha großen Auenlandschaft an der Erft. Der Düsseldorfer Künstler Erwin Heerich schuf zehn Pavillons, die die Kunstsammlung des Besitzers aufnehmen. Neben persischen Skulpturen, Khmer-Kunst und chinesischen Figuren aus der Han-Zeit sind Werke von Gotthard Graubner, Jean Fautrier, aber auch von Cézanne, Matisse und Rembrandt zu sehen (geöffnet 1. April bis 30. September tgl. 10 bis 19 Uhr, außerhalb dieser Zeiten eingeschränkt). Auf dem Gelände lebt und arbeitet der Künstler Anatol. Nach der Besichtigung kehren Sie zur NiederRheinroute zurück.

40,2 km

Zickzackförmig schlängelt sich die Route durch die Felderlandschaft. Wenn die NiederRheinroute hinter Münchrath den Bahndamm erreicht, knickt sie nach rechts ab. Sie folgen in Fahrtrichtung dem Verbindungsweg 65.

Sie durchqueren das Dorf **Neukirchen** ❼ und stoßen anschließend in der Neukircher Heide an einer **T-Kreuzung** erneut auf die NiederRheinroute, in die Sie nach halb links lenken. Fast schnurgerade führt die Route auf die Ortschaft **Gohr** ❽ zu. Am

45,1 km

Ortsanfang überqueren Sie die stark befahrene Bundesstraße B 477. Durch Wiesen und Felder radeln Sie hinter **Gohr** weiter in

49,4 km

den **Knechtsteder Wald** ❾.

Nach ca. einem Kilometer liegt inmitten von Wald und Obst

50,7 km

gärten das **Kloster Knechtsteden** ❿.

Das **Kloster** wurde 1130 von den Prämonstratensern gegründet, die 1138 mit dem Bau der heutigen Klosterbasilika begannen. Das Langhaus, die Westapsis und die Turmanlage zeigen noch die Bauformen der rheinischen Romanik des 12. Jahrhunderts. Der Ostchor wurde nach der Zerstörung während der Neusser Fehde (1474-77) in gotischen Formen neu gebaut und erhielt Maßwerkfenster. Weitere Baumaßnahmen im 17. Jahrhundert sowie umfassende Restaurierungsarbeiten nach einem Brand im Jahre 1869 ließen die romanische Gestaltung bestehen. Nach Auflösung des Klosters im Rahmen der Säkularisation 1802 zogen 1895 wieder Mönche in Knechtsteden ein.

Die NiederRheinroute führt im weiteren Verlauf durch die Gärtnersiedlung **Blechhof** und den Ortsteil **Delhoven** ⓫. Hier lohnt sich ein Abstecher in den kommunalen Erholungswald **Tannenbusch**.

Museumsinsel Hombroich

Hier laden ein Wildpark mit Auerochsen, Hirschen, Wildschweinen, Fasanen und weiteren Tierarten sowie ein Waldmuseum und ein geologischer Park zum Verweilen ein. Auf dem Waldareal stehen rund 800 000 Bäume verschiedenster Arten, darunter Gingkobaum, Tulpenbaum und Mammutbaum. Das Waldcafé und der große Kinderspielplatz bieten Gelegenheit zu Rast und Erholung.

Auf der NiederRheinroute unterqueren Sie wenig später die Autobahn A 57. Wenn Sie nach gut 1 km die Schienen der **Eisenbahnlinie Neuss-Köln** ⑫ überquert haben, verlassen Sie die NiederRheinroute und biegen nach links in die *Schillerstraße* ein, die später als Straße *An der Langenfuhr* weitergeführt wird. | 56,1 km

An einer großen **Kreuzung** biegen Sie nach links in die *Bahnhofstraße* ein und erreichen wieder den **Bahnhof Dormagen** ❶. | 59,0 km

129

Schlösser und Burgen an der Römerstraße

Wassenberg – Randerath – Waldfeucht – Wassenberg

Windmühlen, Schlösser und Burgen prägen auch im Südwesten des Niederrheins die Landschaft. Besonders empfehlenswert ist die abwechslungsreiche Tour im Frühjahr, wenn die Spargelbauern in Effeld, einem der besten Spargelanbaugebiete der Region, ihre köstlichen weißen Stangen zum Kauf anbieten.

Start und Ziel:	*Burg Wassenberg in Wassenberg*
Streckenlänge:	*ca. 56 km*
Wegbeschaffenheit:	*Überwiegend asphaltierte Wirtschaftswege und ruhige Nebenstraßen*
Sehenswürdigkeiten:	***Wassenberg:*** *Burg Wassenberg, Stadttor, Pfarrkirche St. Martini in Orsbeck, Haus Effeld, Schloss Elsum;* ***Heinsberg:*** *Burg Randerath;* ***Gangelt:*** *Haus Altenburg, Museumsmühle Gangelt-Breberen;* ***Waldfeucht:*** *Pfarrkirche St. Josef in Bocket, Turmwindmühle, historische Stadtbefestigung, Schlösschen, Motte Bolleberg*
Information:	***Gemeinde Wassenberg,*** *Roermonder Str. 25-27, 41849 Wassenberg, Tel. 02432/4900-603, Fax 02432/4900-119, e-Mail: randerath@wassenberg.de;* ***Stadtverwaltung Heinsberg,*** *Apfelstr. 60, 52525 Heinsberg, Tel. 02452/14-0, e-Mail:stadt@heinsberg.de;* ***Infocenter Gangelt,*** *Am Freibad 13 , 52538 Gangelt, Tel. 02454/93 63 41, Fax: 02454/93 64 92 , e-Mail: infocenter@gangelt.de;* ***Gemeinde Waldfeucht,*** *Lambertusstr. 13, 52525 Waldfeucht, Tel. 024455/39923, Fax: 024455/4077723, e-Mail: p.classen@waldfeucht.de.*

Burg Wassenberg

Die Tour auf einen Blick

Nr.	km	Beschreibung
❶		Von der **Burg Wassenberg** durch die Straße *Am Rosstor* nach rechts in den *Forster Weg*, dann in die zweite Straße nach links (*Breiter Weg*). Weiter auf dem Verbindungsweg 88 zur B 221. Dort nach rechts, über die Landstraße L 117 hinweg und durch den Stadtteil **Orsbeck** hindurch.
❷	2,4	Hinter der **Rurbrücke** nach links auf den Verbindungsweg 79. Weiter bis zur Landstraße L 227. Dort nach links und ca. 500 m weiter scharf nach rechts. Auf dem Verbindungsweg 79 weiter die Autobahn A 46 unterqueren.
	8,3	
❸	11,4	Hinter **Porselen** über die **Wurmbrücke** und danach an der zweiten Wegkreuzung nach rechts auf die NiederRheinroute.
	11,8	
❹		An **Randerath** vorbei bis zur Landstraße L 228. Dort nach rechts und unmittelbar hinter der **Wurm** nach links. Anschließend nach rechts auf den Verbindungsweg 80. Über die Wurm hinweg zur Landstraße L 42.
	15,3	
❺	19,2	Durch **Uetterath** und über die B 221 hinweg.
	20,8	Weiterhin auf dem Verbindungsweg 80 über **Straeten** und **Waldenrath**, dann über die Landstraße L 227 hinweg.
❻	24,1	
❼		Ca. 600 m hinter dem Dorf **Pütt** nach links auf den Verbindungsweg 84.
	26,2	
	28,0	In Schierwaldenrath in Fahrtrichtung auf die NiederRheinroute.
❽		Über **Harzelt** und den Saeffeler Bach nach **Langbroich**. Am Dorfeingang nach rechts auf den Verbindungsweg 85.
❾	32	Hinter **Haus Altenburg** nach rechts in das Dorf **Breberen**. Dort nach links in die *Altenburgstraße* und dann in die zweite Straße nach rechts (*Mühlenstraße*).
❿	33,1	Auf der NiederRheinroute vorbei an der Windmühle.
⓫	36,7	Weiter über Dorf **Bocket** zur Windmühle in **Waldfeucht**. Durch das Ortszentrum und den Ortsteil **Brüggelchen** hindurch.
	41,7	Wenn hinter **Brüggelchen** die NiederRheinroute scharf nach rechts abknickt, in den nächsten Weg nach links in den Verbindungsweg 87.

Später an der L 230 stößt der Verbindungsweg auf die NiederRheinroute.

Dort weiter in Fahrtrichtung auf der NiederRheinroute bis

12 52,0 zum Schloss **Effeld**

13 55,0 und weiter zum **Schloss Elsum**.

Gegenüber der Zufahrt zum Schloss nach rechts und auf der NiederRheinroute nach **Wassenberg**.

Dort über die *Rurtalstraße* und die Straße *Am Kullenberg*

1 59,3 zur **Burg Wassenberg**.

 Sie starten in **Wassenberg** an der **Burg 1**.

Auf einem steil ansteigenden Hügel innerhalb der Stadtmauer erhebt sich die Burganlage auf einem annähernd quadratischen Grundriss. Der markante Bergfried aus dem Jahr 1420, ein glatter, viergeschossiger Backsteinturm, bietet einen weiten Blick über das Heinsberger Land. Die etwa 1085 vom flämischen Grafen Gerhard zum Dynastensitz erwählte Burg wird heute als Hotel und Restaurant genutzt.

Wassenberg

Von der Burg aus fahren Sie durch die Straße *Am Rosstor*.

Das alte **Stadttor** wurde 1365 errichtet, der obere Teil entstand um 1400. Das krönende Türmchen wurde bei einer späteren Restaurierung aufgesetzt.

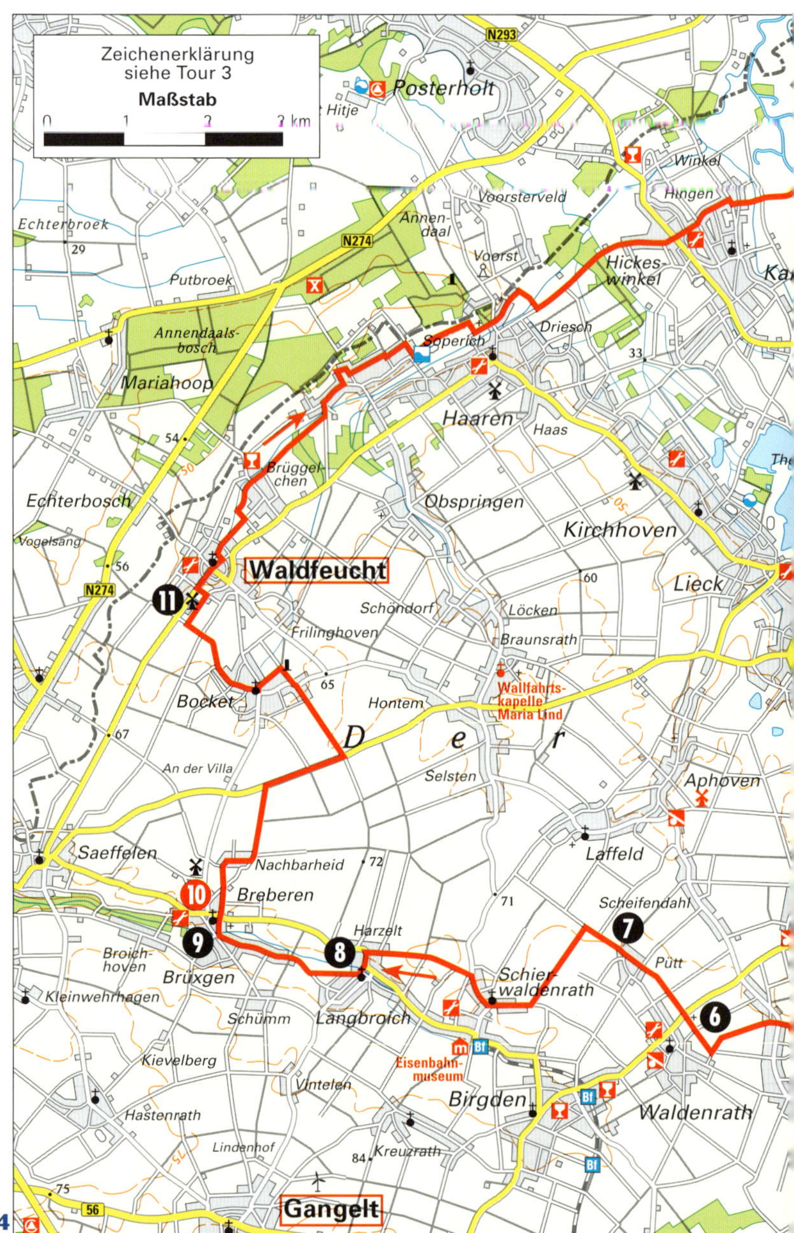
Zeichenerklärung
siehe Tour 3
Maßstab
1 2 3 km
Echterbroek
29
Putbroek
Hitje
Posterholt
N293
Voorsterveld
Winkel
Hingen
Annen-
daal
N274
Voorst
Hickes-
winkel
Ka
Annendaals-
bosch
Soperich
Driesch
33
Mariahoop
Haaren
Haas
54
Brüggel-
chen
Obspringen
Kirchhoven
Lieck
Echterbosch
Vogelsang
56
N274
Waldfeucht
60
11
Schöndorf
Löcken
Braunsrath
Frilinghoven
Wallfahrts-
kapelle
Maria Lind
Bocket
65
Hontem
D   e   r
67
An der Villa
Selsten
Aphoven
Saeffelen
Nachbarheid
72
Laffeld
10
Breberen
71
Scheifendahl
7
9
Harzelt
8
Pütt
Broich-
hoven
Schier-
waldenrath
6
Brüxgen
Kleinwehrhagen
Schümm
Langbroich
Eisenbahn-
museum
Bf
Kievelberg
Vintelen
Birgden
Bf
Waldenrath
Hastenrath
Kreuzrath
Bf
Lindenhof
84
75
56
Gangelt

Effeld
Rosen-thal
Schaufen-berg
Wilden-rath
Naturschutz
Haus Effeld
Haus Neuerburg
Gut Kromland
Wald 86
gebiet
Haus Wildenrath
Schloss Elsum
Dohr
Entenpfuhl
Steinkirchen
Ophoven
Krafeld
Birgelen
Vossem
Eulen-busch
Wassenberg
221
Myhl
Karken
Start & Ziel
Forst
Ohe
Gerderath
Rur
Hochbrück
Haus Kempen
Orsbeck
Luchtenberg
Altmyhl
Haus Hastern
Kempen
Brehm
Eicken
Rur
Garsbeck
52
Faulendriesch
Theberath
Floit-graf
Fell
Gendorf
Busch
90
Würm
Haag
Girmen
Unterbruch
Oberbruch
Ratheim
Schaufen-berg
Heinsberg
Selfkantdom
221
Haus Hall
Millich
Schaf-hausen
Bleckden
Grebben
Kaphof
Doverack
Eschweiler
43
221
56
Porselen
Hilfarth
Schleiden
Dremmen
Erpen
Boverath
66
46
Herb
Horst
3
67
Donselen
Uetterath
Himmerich
Berg
5
4
Randerath
Blauen-stein
Baumen
Straeten
Königshof
Nirm
Hoven
Tripsrath
Kraudorf
Flah-straß
56
Honsdorf
Leiffarth
Bf
1
2
12
13

Sie biegen nach rechts in den *Forster Weg* ein, dann in die zweite Straße links (*Breiter Weg*). Den Markierungen des Verbindungsweges 88 folgend, erreichen sie die Bundesstraße B 221, in die Sie nach rechts einbiegen.

Auf dem Radweg neben der stark befahrenen Straße überqueren Sie die Landstraße L 117 und durchqueren den Stadtteil **Orsbeck**. Hier lohnt eine Besichtigung der **Pfarrkirche St. Martini**.

Die um das Jahr 1000 errichtete fränkische Saalkirche wurde 1830 verlängert und 1930 verbreitert. Im Innern ist ein Kruzifixus aus der Zeit um 1600 sehenswert. Der Turm stammt noch aus dem 11. und die Kirchhofmauer aus dem 17. Jahrhundert.

2,4 km

Hinter **Orsbeck** überqueren Sie die **Rur ❷**. Nach ca. 1 km gelangen Sie an eine Kreuzung und lenken nach links auf den Verbindungsweg 79, der vorbei an verstreut liegenden Bauernhöfen zur Rur führt.

Die Route verläuft über etwa 2 km parallel zum Fluss und stößt in Höhe des **Adolfo-Sees** auf die Landstraße L 227. Sie lenken nach links und radeln ca. 700 m auf dieser Straße, bis die Markierungen des Verbindungsweges, dem Sie weiter folgen, scharf nach rechts weisen.

8,3 km

Auf der Kreisstraße 22 überqueren Sie die Autobahn A 46 und gelangen in den Ortsteil **Porselen**, wo Sie die Kreisstraße nach links verlassen. Kurz nachdem Sie die **Wurmbrücke ❸** passiert

11,4 km

haben, stoßen Sie an einer Wegkreuzung auf die NiederRheinroute, in die Sie nach rechts einbiegen.

Sie überqueren eine **Bahnlinie**, die heute nur noch für den Güterverkehr genutzt wird, und passieren den Ortsrand von **Randerath ❹** Wenn Sie auf die Landstraße L 228 stoßen, folgen Sie der NiederRheinroute nach rechts und unmittelbar hinter der **Wurm** nach links.

Durch das Wurmtal bei **Randerath** führte einst eine römische Heerstraße.

Sie radeln an **Burg Randerath** vorbei.

Burg Randerath wurde um das Jahr 900 auf Fundamenten römischer Gebäude errichtet. Die auf einem künstlichen Hügel

(Motte) stehende Burg war ein reiner Verteidigungsbau, den ein Wassergraben umgab, über den eine Zugbrücke führte. Als 1542 Stadt und Burg **Randerath** zerstört wurden, blieb die Burg als Ruine stehen. Ab 1656 wurde dort eine Glashütte betrieben.

Wassenberg-Effeld

15,3 km

Anschließend achten Sie rechts auf die Markierungen des Verbindungsweges 80. Denen folgen Sie über die **Wurm** hinweg zur Landstraße L 42, später durch die offene Felderlandschaft, durch das Dorf **Uetterath** ❺ und unter der Bundesstraße B 221 hindurch.

19,2 km

Knapp 1,5 km weiter knickt der Verbindungsweg an einer **Wegkreuzung** nach rechts und ca. 600 m weiter an einer **T-Kreuzung** nach links. Sie durchqueren die Ausläufer des Straßendorfes **Straeten** und radeln auf das Dorf **Waldenrath** ❻ zu. Vor dem Dorf wendet sich der Verbindungsweg 80 wiederum nach rechts. Sie überqueren die Landstraße L 227 und gelangen durch die offene Felderlandschaft in das kleine Dorf **Pütt** ❼. 600 m weiter heißt

26,2 km

es aufpassen, um mitten in den Feldern den Hinweis auf den Verbindungsweg 84 nicht zu verpassen, der nach links abknickt. Wer hier versehentlich weiter geradeaus fährt, merkt spätestens 300 m weiter, wenn der Verbindungsweg 80 nach rechts knickt, dass er umkehren muss.

Der Verbindungsweg 84 stößt nach gut 1,5 km an einer **T-Kreuzung** auf die NiederRheinroute.

27,8 km

Sie biegen hier rechts ab und radeln weiter bis zum Dorf **Harzelt** ❽. Anschließend überqueren Sie den **Saeffeler Bach** und biegen am Ortseingang des Dorfes **Langbroich** nach rechts auf den Verbindungsweg 85. Der verläuft parallel zum Saeffeler Bach bis zum **Haus Altenburg**.

32,0 km

Die auf einem künstlichen Hügel (Motte) errichtete, früher von Wassergräben umgebene Anlage stammt aus dem 17. und 18. Jahrhundert.

Hinter **Haus Altenburg** ❾ wendet sich der Verbindungsweg nach rechts und führt in das Dorf **Breberen**. Wenn Sie dort auf die *Altenburgstraße* stoßen, lohnt sich ein kleiner Abstecher nach links. Sie lenken dann in die zweite Straße nach rechts, (*Mühlenstraße*) und folgen den Markierungen der NiederRheinroute. Nach ca. 700 m sehen Sie linker Hand eine **Windmühle** ❿.

33,1 km

Die **Museumsmühle Gangelt-Breberen** wurde 1842 als Getreidemühle errichtet. 1926 erstmals aus wirtschaftlichen Gründen stillgelegt, wurde sie schon 1937 im Rahmen von Energiesparmaßnahmen reaktiviert. Nach dem Krieg wurden die schweren Schäden durch die Kämpfe der letzten Kriegsmonate repariert und die Mühle mit einer neuartigen Flügeltechnik, den ›Bilau-Flügeln‹, ausgestattet. Bei dieser Flügelvariante, die in Anlehnung an die Flugzeugtechnik entwickelt wurde, kann ein beweglicher Flügelteil verstellt werden, um dadurch den Wind optimal und gleichmäßig auszunutzen. Bis 1961 wurde die Mühle gewerblich betrieben und später vom damaligen Selfkantkreis Geilenkirchen-Heinsberg übernommen und als Museumsmühle genutzt. Die Breberer **Mühle** ist eine der wenigen noch mahlfähigen Anlagen am Niederrhein und gerade wegen ihrer speziellen Flügeltechnik eine Rarität. Seit 1986 steht sie als technisches Denkmal unter Schutz.

Nach ca. 1,5 km stößt die NiederRheinroute auf die Landstraße L 228. Dort lenken Sie nach links und danach nach rechts in die Straße ›*An der Villa*‹ und gelangen in das Dorf **Bocket**.

36,7 km

Die Pfarrkirche St. Josef in der *Kirchstraße* wurde 1877 bis 1889 als dreischiffiger neugotischer Bau nach Plänen von Lambert von Fisenne errichtet. Ihre denkmalgeschützte Orgel aus dem Jahr 1892 stammt aus der Werkstatt der Gebrüder Müller in **Reifferscheid**.

Waldfeucht

Am Ortsanfang von **Waldfeucht** ⓫ passieren Sie die **Windmühle**. 38,5 km

Die **Turmwindmühle** (Erdholländer) wurde 1897 als Ersatz für eine eingestürzte Bockwindmühle gebaut. Sie ist damit die jüngste Windmühle im Rheinland. Sie wird noch heute gewerblich als Getreidemühle betrieben und kann besichtigt werden.

Im Zentrum von **Waldfeucht** erkennen Sie die historische Stadtbefestigung. Heckenwege, die rund um den alten Ortskern führen, bilden die Form der ursprünglichen Wälle und Gräben nach. Im Unterschied zu anderen Städten war **Waldfeucht** nicht durch Mauern geschützt. Der historische Ortsgrundriss ist auch beim Wiederaufbau nach dem Zweiten Weltkrieg unverändert erhalten geblieben.

Sie durchqueren das Ortszentrum und entdecken in der *Lambertusstraße* das ›**Schlösschen**‹.

Der zweigeschossige Backsteinbau in neun Achsen stammt aus dem 17. und 18. Jahrhundert und dient heute als Rathaus. Einst

139

stand hier die mit Gräben befestigte Burg der Herren von **Wald-feucht**.

Sie radeln weiter in den Ortsteil **Brüggelchen**. Gleich links sehen Sie die **Motte Bolleberg**.

Die befestigte Hofanlage wurde am Ende des 9. Jahrhunderts zum Schutz vor Normanneneinfällen in einem Sumpfgebiet angelegt. Die Hauptburg auf einem künstlich angelegten und von einem Wassergraben umgebenen Hügel diente als Wohnsitz und zur Verteidigung. Die Wirtschaftsgebäude auf dem Vorburggelände wurden ebenfalls durch Gräben gesichert.

Wenn hinter **Brüggelchen** nach Durchqueren eines kleinen Wäldchens die NiederRheinroute sehr scharf nach rechts abknickt, behalten Sie die Fahrtrichtung bei und folgen den Markierungen des Verbindungsweges 87, der parallel zur nahen niederländischen Grenze verläuft.

41,7 km

Nachdem Sie die Landstraße L 230 überquert haben, sind es noch knapp 1,5 km, bis der Verbindungsweg auf die Nieder-Rheinroute stößt.

Sie fahren nun weiter in Fahrtrichtung auf der NiederRhein-route durch weitläufige Spargelfelder bis zum Haus **Effeld** ⓬. In **Effeld** bietet sich im Frühjahr eine Rast in einem der Spargel-Restaurants an.

52,0 km

Die Wasserburg mit Herrenhaus und Vorburg stammt im Kern noch aus dem 15. Jahrhundert. Den zweigeschossigen Ziegelbau sichern an der Außenseite zwei über Eck gestellte quadratische Türme. In der Mitte der dem Wirtschaftshof zugekehrten Seite steht der große viereckige Hauptturm aus dem Jahre 1606, auf den die Brücke zuführt. Die fünfseitige Vorburg hat nur noch auf einer Seite einen lang gestreckten Trakt, durch den der Zugang zum Hauptgebäude führt.

Die NiederRheinroute knickt am Ortsrand von **Effeld** scharf nach rechts und führt durch die offene Felderlandschaft zum **Schloss Elsum** ⓭.

55,0 km

Die heutige Hauptburg von **Schloss Elsum** stammt aus dem 15. bis 16. Jahrhundert, die Vorburg aus dem 18. Jahrhundert,

Waldfeucht

doch wird bereits 1288 ein Vorgängerbau erstmalig erwähnt. Das Schloss brannte 1945 ganz aus und wurde in den Fünfzigerjahren wieder aufgebaut.

Gegenüber der Zufahrt zum Schloss weisen die Routenmarkierungen nach rechts, und in einigen Windungen radeln Sie jetzt auf der NiederRheinroute nach **Wassenberg**.

Nachdem Sie die Landstraße L 117 überquert haben, gelangen Sie über die *Rurtalstraße* und die Straße *Am Kullenberg* zur **Burg Wassenberg** ❶ zurück.

59,3 km

BVA
Die idealen Karten für Ihre Tour
ADFC-Regionalkarte BVA 1 : 75.000
Niederrhein Nord
Preis € 6,80
Alle Radtouren für Wochenendtour und Tagesausflug!
Mit Straßennamen zur besseren Orientierung!
Offizielle Karte des
adfc
Allgemeiner Deutscher Fahrrad-Club
ADFC-Regionalkarte BVA 1 : 75.000
Niederrhein Süd
Alle Radtouren für Wochenendtour und Tagesausflug!
Mit Straßennamen zur besseren Orientierung!
Zwischen Krefeld und Jülich. Mit NiederRheinRoute
Offizielle Karte des
adfc
Allgemeiner Deutscher Fahrrad-Club
Erhältlich im Buchhandel oder beim
Bielefelder Verlag
Niederwall 53
33602 Bielefeld
Tel.: 0521/59 55 40
bestellung@bva-bielefeld.de
Mit freundlicher Unterstützung von
NiederrheinRad.de
Das flexible Verleihsystem.
www.fahrrad-buecher-karten.de

Die Buchreihe mit den schönsten Radwegen in Deutschland
BVA
Die 100 schönsten RADTOUREN in Deutschland
100 tolle Tagestouren in den reizvollsten Radregionen Deutschlands
€ 10,00
BVA
DIE 50 SCHÖNSTEN RADFERNWEGE IN DEUTSCHLAND
50 tolle Touren auf Deutschlands schönsten Fahrradrouten
€ 12,95
BVA
Die schönsten FlussRadwege in Deutschland
€ 12,95